Grundlagen der Kapitalmarkttheorie und des Portfoliomanagements

von
Prof. Dr. Katja Specht
und
Prof. Dr. Wolfgang Gohout

Oldenbourg Verlag München

Bibliografische Information der Deutschen Nationalbibliothek

Die Deutsche Nationalbibliothek verzeichnet diese Publikation in der Deutschen Nationalbibliografie; detaillierte bibliografische Daten sind im Internet über <http://dnb.d-nb.de> abrufbar.

Rosenheimer Straße 145, D-81671 München
Telefon: (089) 45051-0
oldenbourg.de

Lektorat: Wirtschafts- und Sozialwissenschaften, wiso@oldenbourg.de
Herstellung: Anna Grosser
Coverentwurf: Kochan & Partner, München
Gedruckt auf säure- und chlorfreiem Papier
Druck: Grafik + Druck, München
Bindung: Thomas Buchbinderei GmbH, Augsburg

ISBN 978-3-486-59077-7

Für Alina und Finn

Vorwort

Das vorliegende Lehrbuch soll die Leser in die grundlegenden Kapitalmarkttheorien einführen und die traditionellen sowie neuere Methoden der Portfolio–Optimierung vermitteln. Nach einer Einführung in die Themenstellung werden die traditionellen Ansätze vorgestellt und anhand konkreter Beispiele illustriert. Der Nobelpreisträger HARRY M. MARKOWITZ spielt hier eine zentrale Rolle. Anschließend werden neuere Aspekte der Portfolio–Optimierung behandelt. Sie resultieren als wissenschaftliche Reaktion auf die Schwächen der traditionellen Ansätze und sind für die Praxis sehr relevant. Im vierten Kapitel wird das zentrale statistische Problem des Portfoliomanagements thematisiert, nämlich die Prognose der Renditen, Varianzen und Kovarianzen. Sowohl die „historischen“ als auch neuere Prognoseverfahren werden diskutiert. Schließlich werden im letzten Kapitel die beiden grundlegenden Kapitalmarkttheorien des CAPM *(Capital Asset Pricing Model)* und APT *(Arbitrage Pricing Theory)* vorgestellt.

Das Lehrbuch eignet sich für eine fortgeschrittene Vorlesung im Bereich der Wirtschaftswissenschaften, aber auch für interessierte Praktiker, die sich mit diesem Thema befassen wollen. Alle quantitativen Verfahren werden stets anhand konkreter Beispiele durchgerechnet. Wo es möglich und sinnvoll ist, unterstützen Abbildungen das Verständnis. Fragen zur Selbsteinschätzung beschließen jedes Kapitel, so dass die Leser eine Möglichkeit der Lernkontrolle haben.

Die Verfasser gehen trotz größter Sorgfalt nicht davon aus, dass dieses Buch völlig fehlerfrei ist. Hinweise auf Fehler, Versäumnisse oder Verbesserungsvorschläge sind unter katja.specht@hs-pforzheim.de oder wolfgang.gohout@hs-pforzheim.de herzlich willkommen.

Für die gute Kooperation mit dem Verlag möchten wir stellvertretend Herrn Dr. Jürgen Schechler herzlich danken.

Katja Specht Wolfgang Gohout

Inhaltsverzeichnis

1 Einführung

1.1 Von MARKOWITZ zum aktiven Portfoliomanagement

Im Dezember 2008 verteilte sich ein bundesdeutsches Fondsvermögen von 1.217.478 Millionen Euro auf 10.189 verschiedene Publikums– und Spezial–Fonds.[1] Das wohl wichtigste Argument für die Anlage in Investmentfonds lieferte HARRY M. MARKOWITZ zu Beginn der fünfziger Jahre mit seiner Entwicklung der Theorie der Portfolio–Auswahl. Er legte mit dieser Arbeit den Grundstein der neueren Portfolio–Theorie, wofür er 1990 mit dem Nobelpreis für Wirtschaftswissenschaften ausgezeichnet wurde.[2] Zudem gilt der MARKOWITZ–Ansatz als das Fundament für die Kapitalmarkttheorie, insbesondere für das 1964 von SHARPE veröffentlichte *Capital Asset Pricing Model (CAPM)*.

HARRY M. MARKOWITZ, aufgenommen in 1970[3]

---

1) Nach Statistik des BVI Bundesverbandes Investment und Asset Management e.V., vgl. `http://www.bvi.de`.

2) Neben HARRY M. MARKOWITZ erhielten im Jahre 1990 auch MERTON H. MILLER und WILLIAM F. SHARPE für ihre Arbeiten zur Finanzierungs– und Kapitalmarkttheorie den Nobelpreis für Wirtschaftswissenschaften.

3) Quelle: http://cepa.newschool.edu/het/profiles/markow.htm

MARKOWITZ wurde 1927 in Chicago geboren. Im Laufe seines Studiums an der dortigen Universität, Fachrichtung „Economics“, wurde MARKOWITZ stark durch seine akademischen Lehrer FRIEDMAN, KOOPMANS, MARSCHAK und SAVAGE geprägt, so dass er eine Vorliebe für die *Entscheidungen unter Unsicherheit* aus dem Bereich der Entscheidungstheorie entwickelte. Gegen Ende seines Studiums wurde MARKOWITZ studentisches Mitglied der „COWLES Commission of Research in Economics“, aus der einige spätere Nobelpreisträger hervorgingen.[4)] Der bahnbrechende Aufsatz von 1952 basiert auf seiner Dissertation, deren Kernidee ihm bei der Lektüre von WILLIAMS *The Theory of Investment Value* (1938) kam. Die stärker technisch orientierten Werke im weiteren Verlauf der fünfziger Jahre entstanden während MARKOWITZ's Tätigkeit bei der RAND Corporation, motiviert durch die Zusammenarbeit mit DANTZIG. Seine erste Monographie zur Portfolio–Selektion von 1959 hat er im Wesentlichen in einem akademischen Jahr verfasst, das er auf Einladung von TOBIN bei der COWLES Foundation in Yale verbrachte.

Ein gutes Portfolio ist nach MARKOWITZ (1959, S. 3) nicht nur eine lange Liste von Wertpapieren, sondern eine ausbalancierte Einheit, die dem Investor gleichermaßen Chance und Absicherung unter einer Vielzahl von möglichen zukünftigen Entwicklungen bietet. MARKOWITZ hat in seinem Aufsatz von 1952 einen theoretischen Rahmen zur quantitativen Erfassung von Ertrag und Risiko einzelner und verbundener Anlagealternativen geliefert. Er machte zunächst deutlich, dass es sich bei dem Ertrag, sprich der Rendite, eines Portfolios nicht um eine sichere Größe, sondern um eine Zufallsvariable handelt. Er zeigte, dass die quantitative Erfassung von Ertrag und Risiko mittels Erwartungswert und Varianz der Portfolio–Rendite adäquat ist. Formal erbrachte MARKOWITZ den Nachweis, dass die Varianz eines Portfolios riskanter Anlagen höchstens so groß ist wie die durchschnittliche Varianz der Portfoliobestandteile. Aus der Kombination verschiedener Anlagealternativen resultiert also in der Regel eine Reduktion des Gesamtrisikos, was als *Diversifikation* bezeichnet wird. Darauf aufbauend stellte MARKOWITZ Methoden

---

4) A. COWLES (1891 – 1984) war ein erfolgreicher Börsenspekulant, der eine Reihe bedeutender Mathematiker, Ökonomen und Statistiker förderte, indem er die am 29. Dezember 1930 gegründete *Econometric Society* sponserte.

zur Bildung effizienter Portfolios vor und führte damit die so genannte *Effizienzkurve* ein. Die quantitative Erfassung der Abhängigkeiten der Anlagealternativen ermöglichte es MARKOWITZ, optimale Allokationsentscheidungen entweder aus der Minimierung der Portfolio–Varianz bei gegebener erwarteter Rendite oder alternativ aus der Maximierung der erwarteten Rendite bei gegebener Portfolio–Varianz abzuleiten. Die Portfolio–Optimierung auf der Basis des Ertrag–Risiko–Zusammenhangs findet bis heute sowohl in Wissenschaft als auch Bankpraxis weite Verbreitung.

Dem von MARKOWITZ gelegten Grundstein der Portfolio–Theorie folgten unzählige wissenschaftliche Publikationen, die sich alle weitgehend in der Erwartungswert–Varianz–Welt bewegen. TOBIN (1958) setzte den Ansatz von MARKOWITZ im Rahmen seiner Geldnachfragetheorie um, wobei er eine nutzentheoretische Formulierung des Optimierungsansatzes wählte. Im Jahre 1966 veröffentlichte SHARPE das auf Portfolio–Erwartungswert und –Varianz basierende SHARPE–Ratio als Performance–Maß, das bis heute große Relevanz bei der Beurteilung von Portfolio–Wertentwicklungen hat. Als Konsequenz kann ein weiterer Optimierungsansatz in der Maximierung dieses SHARPE–Ratios gesehen werden. Eine Flut von nachfolgenden Veröffentlichungen beschäftigt sich mit Erweiterungen der klassischen Portfolio–Theorie in vielerlei Hinsicht. Manche neueren Ansätze sind motiviert durch verschiedene Kritikpunkte an der MARKOWITZ–Theorie, andere reagieren auf Probleme bei der Umsetzung im alltäglichen Portfolio–Management.

In der heutigen Bankpraxis ist die Portfolio–Optimierung der Kern der so genannten *Asset Allocation*. Die hierarchische Struktur der Asset Allocation ist wie folgt aufgebaut: Auf der ersten Stufe findet die *strategische* Asset Allocation statt, deren Gegenstand die Auswahl und Gewichtung der zentralen Assetklassen (Länder und/oder Branchen) auf der Basis der Zielvorgaben der Investoren ist. Somit führt die strategische Asset Allocation letztlich zur Festlegung einer Benchmark. Die sich anschließende *taktische* Asset Allocation befasst sich mit der weiteren Zerlegung der Assetklassen bis hin zur konkreten Auswahl und Gewichtung einzelner Titel (*Einzeltitel–Selektion*) und zur Bestimmung der Kauf– und Verkaufszeitpunkte (*Market Timing*).

Bezüglich des Verhaltens auf den einzelnen Stufen unterscheidet man zwischen passivem und aktivem Portfoliomanagement. Grundlage des *passiven* Portfoliomanagements ist die Unterstellung effizienter Märkte, auf denen sich dauerhaft keine Outperformance, das heißt keine Rendite–Vorteile gegenüber der gewählten Benchmark erwirtschaften lassen. Auf eine gezielte Auswahl von Assetklassen und Einzeltiteln wird weitgehend verzichtet. Das passive Portfoliomanagement mündet meist in einer vollständigen Replizierung einer vorgegebenen Benchmark, also in der Nachbildung von Indexportfolios oder anderen vorgegebenen Portfolios. Die Berücksichtigung von Transaktionskosten und die Problematik der Unteilbarkeit von Finanztiteln führt unter Umständen dazu, dass nicht alle Benchmark–Positionen mit den entsprechenden Gewichten gekauft werden, sondern die jeweilige Benchmark in ihren Charakteristika nur annähernd mit einer geringeren Anzahl von Einzeltiteln nachgezeichnet wird.

Nach COCHRANE (1999) ist seit Mitte der 80er Jahre allgemein anerkannt, dass Rendite–Vorteile durch eine Abweichung von der Benchmark–Gewichtung erreicht werden können.[5)] Outperformance durch dieses *aktive* Portfoliomanagement setzt jedoch zweierlei voraus: Zum einen müssen fundamental– oder zeitreihenanalytische Verfahren zur Prognose von Ertrag und Risiko eingesetzt werden, und zum anderen müssen die daraus resultierenden Prognosen effizient in Portfolio–Entscheidungen umgesetzt werden.

Sowohl im passiven als auch im aktiven Portfoliomanagement basieren die Entscheidungen weitgehend auf dem von MARKOWITZ eingeführten Ertrag–Risiko–Zusammenhang der verschiedenen Anlagealternativen. Allerdings ist es oft nicht der klassische MARKOWITZ–Ansatz, sondern das „Bauchgefühl" des Portfoliomanagers hinsichtlich Ertrag und Risiko, das im Asset–Allocation–Prozess Anwendung gefunden hat. Die Begründung liegt darin, dass im MARKOWITZ–Ansatz die Prognose der erforderlichen Inputdaten, insbesondere der erwarteten Portfolio–Rendite als Kenngröße für den Ertrag, sehr problematisch ist. Die Konsequenz daraus ist, dass bei der Optimierung häufig extreme, sowohl positive als auch negative, Portfolio–Gewichte auftreten. Aufgrund dieser mangelnden

[5)] COCHRANE (1999) zeigt in einem umfangreichen Überblicksartikel die grundlegenden Entwicklungen im Bereich der Finanzwirtschaft in den letzten zwei Dekaden auf.

ökonomischen Plausibilität war der Einsatz der Portfolio–Theorie im Portfoliomanagement zunächst relativ gering. Die in der Bankpraxis auftretenden Probleme haben jedoch Wissenschaftler weltweit inspiriert, sich bis heute intensiv mit weiteren Fragestellungen der Portfolio–Optimierung zu beschäftigen. Daher ist mittlerweile eine zunehmende Akzeptanz der quantitativen Methoden der neueren Portfolio–Theorie im Portfoliomanagement erkennbar. GRINOLD und KAHN (2000, S. 1) beschreiben die Entwicklung wie folgt:

> „*The art of investing is evolving into the science of investing. ... A new generation of increasingly scientific investment managers come to the task, they will rely more on analysis, process, and structure than on intuition, advice and whim*“.

1.2 Aufbau des Buches

Im weiteren Verlauf des vorliegenden Buches werden die portfoliotheoretischen Optimierungsansätze (Kapitel 2 und 3) den kapitalmarkttheoretischen Modellen (Kapitel 5) vorangestellt, da der MARKOWITZ–Ansatz als Fundament der Gleichgewichtsmodelle auf dem Kapitalmarkt gilt. Zwischen den portfolio– und kaptalmarkttheoretischen Ausführungen werden im vierten Kapitel die für beide Theorien relevanten Momente der Renditeverteilung, Ertrag und Risiko, ausführlich beschrieben beziehungsweise deren Prognosemöglichkeiten betrachtet.

Im Detail ist das vorliegende Buch wie folgt strukturiert: Im **zweiten Kapitel** liegt der Schwerpunkt der Betrachtung auf den traditionellen Ansätzen zur Portfolio–Optimierung von MARKOWITZ (1952), TOBIN (1958) und SHARPE (1966). Nach der Einführung in die MARKOWITZ–Welt (Abs. 2.1) und der Abgrenzung der verschiedenen Optimierungsansätze (Abs. 2.2 – 2.4) werden in Abs. 2.5 einige Verfahren vorgestellt, die die praktisch relevante Leerverkaufsrestriktion berücksichtigen. Im abschließenden Abs. 2.6 werden die mittlerweile unbestrittenen Kritikpunkte an dem klassischen Modell aufgrund theoretischer Überlegungen und bankpraktischer Erfahrungen diskutiert.

Ausgehend von diesen Problemen sind eine Reihe von Erweiterungen und Modifikationen im Rahmen der Portfolio–Theorie veröffentlicht worden. Diese neueren Aspekte der Portfolio–Optimierung werden im **dritten Kapitel** im Überblick dargestellt, wobei zur strukturierten Darstellung folgende Einteilung in drei Gruppen vorgenommen wird:

1. Alternative Maße zur quantitativen Erfassung des Risikos (Abs. 3.1),
2. Erweiterung der traditionellen Zielfunktionen durch Berücksichtigung von Transaktionskosten, weiteren Momenten der Rendite–Verteilung und einer Benchmarkorientierung (Abs. 3.2),
3. Übergang von der einperiodigen zur mehrperiodigen Betrachtung (Abs. 3.3).

Gegenstand des **vierten Kapitels** sind verschiedene Möglichkeiten zur Prognose von Portfolio–Ertrag und –Risiko als den relevanten Zielfunktions–Komponenten in den verschiedenen Ansätzen. Dabei sind insbesondere die Prognose der Rendite (Abs. 4.1) und die der Varianz–Kovarianz–Struktur (Abs. 4.2) des Portfolios von Interesse. Die Frage der Prognostizierbarkeit von Renditen steht seit Jahren im Mittelpunkt der wissenschaftlichen Diskussion: „*The key issue in investments is estimating returns*“ [BLACK (1993)]. Letztendlich geht es bei dieser Debatte um die Problematik der Effizienz von Finanzmärkten, die in Abs. 4.1.1 kurz umrissen wird. Zur Bestimmung der erwarteten Rendite sind der so genannte „Historische“ Schätzer und der bayesianische JAMES–STEIN–Schätzer weit verbreitet in der Literatur. Beide sind den univariaten Prognoseverfahren zuzuordnen und werden in Abs. 4.1.2 vorgestellt. Intuitiv einleuchtend ist jedoch, dass nicht nur die absoluten Rendite–Erwartungen, sondern vielmehr die relativen Rendite–Unterschiede über das gesamte Anlageuniversum für die Portfolio–Optimierung von Relevanz sind. Diesem Argument trägt die Anwendung eines multivariaten Prognoseverfahrens Rechnung (Abs. 4.1.3).

Neben der erwarteten Rendite des Portfolios ist die Varianz–Kovarianz–Matrix eine wesentliche Inputgröße im Rahmen der Portfolio–Optimierung. In Abs. 4.2.1 werden zunächst — analog zu den univariaten Verfahren zur Ertrags–Prognose — zwei Verfahren der zeitunabhängigen Modellierung der Varianz–Kovarianz–Struktur kurz beschrieben. Diese Verfahren werden aufgrund ihrer geringeren Komplexität bis heute in der Bankpraxis eingesetzt, obwohl die zu beobachtenden Phänomene an den weltweiten Finanzmärkten eine zeitabhängige Modellierung (Abs. 4.2.2) notwendig machen. Bei Portfoliobetrachtungen muss der Zusammenhang der relevanten Anlageformen in einer multivariaten Analyse der Volatilität, das heißt in einer zeitvariablen Kovarianzanalyse, gemeinsam erfasst werden.

Im **fünften Kapitel** findet der Übergang von den individuellen Portfolioansätzen einzelner Marktteilnehmer zu den Gleichgewichtsmodellen des gesamten Kapitalmarktes statt. Die grundlegenden Modelle der Kapitalmarkttheorie sind das Mitte der 60er Jahre entwickelte *Capital Asset Pricing Model* (kurz: CAPM) und die 1976 von ROSS veröffentlichte *Arbitrage Pricing Theory* (kurz: APT). Beide Gleichgewichtsmodelle basieren auf der im Kapitel 2 eingeführten Ertrags–Risiko–Welt, deren Schätzungsmethoden im vierten Kapitel ausgeführt wurden. Sowohl das CAPM als auch die APT haben zum Ziel, die Preisbildung auf den Kapitalmärkten sowie den Zusammenhang von Ertrag und Risiko zu erklären. Dieses Ergebnis hat dann wiederum große Relevanz für die Portfolio–Optimierung, die ganz wesentlich von der Güte der Ertrags– und Risiko–Schätzung abhängt. Im Abschnitt 5.1. wird das CAPM–Standardmodell eingeführt, welches den Ertrag von effizienten und nicht effizienten Portfolios sowie allen einzelnen Anlagemöglichkeiten durch einen Faktor, das systematische Risiko der zu bewertenden Position, erklärt. Die APT, die das CAPM als Spezialfall enthält, erklärt die Preisbildung auf den Kapitalmärkten auf der Basis mehrerer Faktoren, was Gegenstand des Abschnitts 5.2. ist. Abschließend wird im Abschnitt 5.3. die Frage des empirischen Gehalts der beiden Standardmodelle diskutiert. Es zeigt sich eine höhere empirische Validität der APT, dem eine höhere Komplexität des Ansatzes im Vergleich zum CAPM entgegensteht. Die zunehmende Güte der Ertags– und Risikoschätzung aus der APT und anderen Multifaktoren–Modellen bilden in Verbindung mit den im vierten Kapitel dargestellten Schätzverfahren und den neueren Methoden der Portfolio–Optimierung die Basis für das moderne Portfoliomanagement.

2 Traditionelle Ansätze zur Portfolio–Optimierung

SHARPE/ALEXANDER/BAILEY (1999) beschreiben die Bedeutung des Ansatzes von MARKOWITZ wie folgt: „*In 1952 Harry M. Markowitz published a landmark paper that is generally viewed as the origin of the modern portfolio theory approach to investing*“. Die nachfolgenden wissenschaftlichen Publikationen bauen alle weitgehend auf der von MARKOWITZ eingeführten Erwartungswert–Varianz–Welt auf. Aus diesem Grund werden im Folgenden zunächst die als MARKOWITZ–Welt bezeichneten Annahmen und theoretischen Grundlagen des klassischen Modells in Abs. 2.1 ausführlich beschrieben. Die eigentliche Portfolio–Auswahl nach MARKOWITZ folgt in Abs. 2.2. TOBIN (1958) setzte diesen klassischen Ansatz im Rahmen seiner Geldnachfragetheorie um. Er wählte dabei eine nutzentheoretische Formulierung des Optimierungsansatzes, die Gegenstand des Abs. 2.3 ist. Im Jahre 1966 veröffentlichte SHARPE das auf Portfolio–Erwartungswert und –Varianz basierende SHARPE–Ratio zur Messung des Anlageerfolgs (Performance). Die Maximierung des SHARPE–Ratios ist eine weitere Modellformulierung, die den traditionellen Ansätzen zur Portfolio–Optimierung zuzuordnen ist und daher in Abs. 2.4 dargestellt wird. In Abs. 2.5 werden einige Verfahren vorgestellt, die negative Portfolio–Anteile vermeiden. Den Abschluss des zweiten Kapitels (Abs. 2.6) bildet die Diskussion der mittlerweile unbestrittenen Kritikpunkte an der klassischen Portfolio–Theorie aufgrund theoretischer Überlegungen und bankpraktischer Erfahrungen.

2.1 Einführung in die MARKOWITZ–Welt

2.1.1 Annahmen des klassischen Modells

MARKOWITZ (1952) machte zunächst deutlich, dass die Renditen der verschiedenen Anlagealternativen und damit die Portfolio–Rendite nicht mit Sicherheit bekannt sind, sondern Zufallsvariablen darstellen. Diese *Risikosituation* ist in der Regel durch eine unbekannte Wahrscheinlichkeitsverteilung der zufälligen Renditen gekennzeichnet. Eine wesentliche Annahme des klassischen Modells ist, dass den Investitionsentscheidungen der Anleger nur die zwei Verteilungsparameter Erwartungswert und Varianz der Rendite–Verteilung zugrunde liegen, was in der entscheidungstheoretischen Literatur als (μ, σ)–*Prinzip*[1] bezeichnet wird. Unter Umständen können durch die Charakterisierung der Rendite–Verteilung durch nur zwei Parameter entscheidungsrelevante Informationen verloren gehen. Um auszuschließen, dass die auf der Grundlage des (μ, σ)–Prinzips getroffenen Entscheidungen im Widerspruch zum *Bernoulli–Prinzip*[2] stehen oder dass zwei Verteilungen mit denselben Parametern μ und σ trotzdem verschieden sind, muss mindestens eine der beiden folgenden Bedingungen erfüllt sein:[3]

- Die **Renditen sind normalverteilt**, und/oder
- es liegt eine **quadratische Nutzenfunktion** vor.

Die **Normalverteilung** hat gegenüber anderen Verteilungen den in diesem Zusammenhang wesentlichen Vorteil, durch die beiden Funktionsparameter μ und σ vollständig beschrieben zu sein. Die Annahme normalverteilter Renditen ist nicht unrealistisch, sondern häufig — mit Ausnahme von hochfrequenten Daten — empirisch bestätigt und auch historisch entwickelt, was im Folgenden kurz umrissen wird.[4]

Bis Mitte der fünfziger Jahre herrschte in der Literatur die Meinung vor, dass Aktienkursverläufe durch eine arithmetische BROWNsche Bewegung, die später als WIENER–Prozess bezeichnet wurde, beschrieben werden können. Der englische Botaniker BROWN veröffentlichte im Jahr 1828 die Beobachtung, dass sich mikroskopisch kleine Teilchen scheinbar völlig regellos in Flüssigkeit bewegen. Diese so genannte BROWNsche Bewegung wurde erstmals von BACHELIER (1900) und etwas später von EINSTEIN (1905)

---

1) Vgl. den Anhang zur Nutzentheorie und zum Beispiel BAMBERG/COENENBERG (2008).

2) Vgl. den Anhang zur Nutzentheorie und beispielsweise BAMBERG/COENENBERG (2008).

3) Erstmals explizit genannt wurden diese Bedingungen von TOBIN (1958).

4) Vgl. dazu RINNE/SPECHT (2002).

mathematisch modelliert. Dabei stießen beide Wissenschaftler bereits auf die Normalverteilung als adäquates Modell zur Beschreibung des beobachteten Phänomens. Weiter gehende mathematische Analysen wurden von WIENER (1923) durchgeführt, der die BROWNsche Beobachtung als stochastischen Prozess formulierte und so zur arithmetischen BROWNschen Bewegung beziehungsweise zum WIENER–Prozess gelangte. Unter einem (allgemeinen) WIENER–Prozess versteht man einen stochastischen Prozess[5)] $\{S_t\}$, der durch folgende Eigenschaften charakterisiert ist:

1. Startwert $S_0 = 0$;
2. die Zuwächse $S_{t+\Delta t} - S_t$ sind normalverteilt mit $E(S_{t+\Delta t} - S_t) = \mu \cdot \Delta t$ und $V(S_{t+\Delta t} - S_t) = \sigma^2 \cdot \Delta t$ für alle $\Delta t > 0$, wobei $\mu \in \mathbb{R}$ als Drift–Parameter und $\sigma^2 > 0$ als Varianz–Parameter bezeichnet werden;
3. die Zuwächse sind stochastisch unabhängig;
4. $\{S_t\}$ besitzt stetige Pfade.

Der Spezialfall eines standardisierten WIENER–Prozesses $\{W_t\}$ (synonym: Standard–BROWNsche Bewegung) liegt mit $\mu = 0$ und $\sigma^2 = 1$ vor. Mittels des standardisierten WIENER–Prozesses stellt sich der allgemeine WIENER–Prozess wie folgt dar:

$$S_t = \mu \cdot t + \sigma \cdot W_t. \tag{2.1 a}$$

Die Veränderung von S_t bei einer infinitesimal kleinen Veränderung der Zeit (dt) ist durch folgenden Prozess gegeben:

$$dS_t = \mu \cdot dt + \sigma \cdot dW_t \qquad \text{mit} \quad dW_t := W_{t+dt} - W_t\,. \tag{2.1 b}$$

5) Vgl. zu Definition und Eigenschaften stochastischer Prozesse RINNE/SPECHT (2002).

Mit der Annahme, dass Kursverläufe $\{S_t\}$ einem WIENER–Prozess folgen, wurde unterstellt, dass Kursveränderungen die oben genannten Eigenschaften aufweisen, was folgende Aussage impliziert: Ausgehend von der Annahme, dass die Zeit im Aktienhandel in infinitesimal kleinen Einheiten gemessen wird und vor jedem Betrachtungszeitpunkt des Kurses eine große Anzahl von unabhängigen, identisch verteilten Kursveränderungen eingetreten ist, kann gemäß dem zentralen Grenzwertsatz von LINDEBERG und LÉVY[6] eine Normalverteilung des Kurses unterstellt werden.

OSBORNE (1959) führte die geometrische BROWNsche Bewegung ein, da die auf einem WIENER–Prozess basierende Hypothese normalverteilter Kurse zu unplausiblen Schlussfolgerungen führt: Zum einen sind negative Kurswerte nicht ausgeschlossen, und zum anderen ist die Wahrscheinlichkeit einer gegebenen absoluten (maximalen) Preisänderung unabhängig vom Kursniveau stets gleich groß. Die Unabhängigkeit vom Kursniveau spiegelt sich in der Gleichung (2.1b) wider, in der die erwartete Drift und die Standardabweichung des Prozesses durch die konstanten nicht miteinander verbundenen Parameter μ und σ beschrieben werden. Durch die Berücksichtigung der empirisch tatsächlich zu beobachtenden Abhängigkeit der Prozess–Drift und Prozess–Standardabweichung vom Kursniveau ergeben sich folgende Prozesse für die absoluten und die relativen Kursveränderungen[7]

$$dS_t = \mu \cdot S_t \cdot dt + \sigma \cdot S_t \cdot dW_t, \tag{2.2 a}$$

$$\frac{dS_t}{S_t} = \mu \cdot dt + \sigma \cdot dW_t \approx d \ln S_t \,. \tag{2.2 b}$$

Demnach werden bei der geometrischen BROWNschen Bewegung anstelle der Niveauwerte der Kurse in Gleichung (2.1b) die logarithmierten Kurswerte gemäß Gleichung (2.2b) betrachtet. Die oben genannten Eigenschaften eines WIENER–Prozesses beziehen

---

6) Vgl. dazu RINNE (2008).

7) Die Differenz zweier Logarithmen entspricht approximativ der relativen Kursänderung:

$$d \ln S_t = \ln S_{t+dt} - \ln S_t = \ln \frac{S_{t+dt}}{S_t} = \ln\left(1 + \frac{S_{t+dt} - S_t}{S_t}\right) \approx \frac{S_{t+dt} - S_t}{S_t} = \frac{dS_t}{S_t}.$$

sich dann nicht mehr auf die absoluten, sondern auf die relativen Kursveränderungen (Renditen). Entsprechend obiger Grenzbetrachtung kann bei einer geometrischen BROWNschen Bewegung also davon ausgegangen werden, dass die Renditen einer Normalverteilung beziehungsweise die Aktienkurse einer Lognormalverteilung folgen.

Empirisch kann die Normalverteilung von Renditen mittels verschiedener numerischer wie auch graphischer Normalverteilungstests überprüft werden.[8)] Für tägliche Renditen wird meist eine leptokurtische Verteilung beobachtet, das heißt eine stärker gewölbte Verteilung als die Normalverteilung. Dieser Effekt kann durch eine zeitvariable Modellierung der Volatilität mittels Modellen aus der GARCH–Familie erfasst werden.[9)] Bei Wochen– oder Monatsdaten ist die Normalverteilungsannahme in der Regel gerechtfertigt.

Nutzentheoretisch ermöglicht die Annahme normalverteilter Renditen die Zerlegung des *erwarteten Nutzens* $\mathrm{E}[U(R_P)]$ der Portfolio–Rendite[10)] R_P in ein auf Erwartungswert und Varianz aufbauendes Präferenzfunktional[11)]. Zur Erläuterung ist zunächst der Begriff des erwarteten Nutzens oder auch Erwartungsnutzens einzuführen. Mit seinem „Petersburger Spiel" hat DANIEL BERNOULLI (1738) gezeigt, dass der Erwartungswert einer interessierenden Variablen allein kein adäquates Entscheidungskriterium für risikobehaftete Entscheidungssituationen sein kann.[12)] Er führte den Nutzenbegriff ein und leitete eine bis auf wachsende lineare Transformationen eindeutige Nutzenfunktion ab. Demnach ist bei rationalem Handeln nicht der Erwartungswert der Zufallsvariablen selbst, sondern der Erwartungswert des gestifteten Nutzens (Erwartungsnutzen) zu maximieren. VON NEUMANN und MORGENSTERN haben 1944 dieses so genannte BERNOULLI–Prinzip mit

8) Vgl. zu Normalverteilungstests RINNE/SPECHT (2002) und die dort angegebene Literatur.

9) Vgl. zu Volatilitätsmodellen SPECHT (2000).

10) Neben der Normalverteilungsannahme für die einzelnen Renditeströme im Portfolio wird im Folgenden auch eine gemeinsame Normalverteilung der Renditen angenommen. Unter dieser Voraussetzung gilt nach der *Reproduktivitäts–Eigenschaft* der Normalverteilung ebenfalls die Annahme einer normalverteilten Portfolio–Rendite, die sich als Linearkombination der einzelnen Renditen ergibt.

11) Präferenzfunktional steht für ein Entscheidungskriterium, das die Präferenzen des Entscheidungsträgers widerspiegelt.

12) Vgl. zum Petersburger Spiel den Anhang zur Nutzentheorie.

einem System von Nutzenaxiomen, das heißt von Forderungen für rationales Verhalten, begründet.

Um den Erwartungsnutzen in ein auf Portfolio–Erwartungswert und –Varianz aufbauendes Präferenzfunktional zu zerlegen, entwickeln HUANG/LITZENBERGER (1988) die konkave Nutzenfunktion $U(R_P)$ eines risikoaversen Investors[13] als TAYLOR–Reihe um die Entwicklungsmitte $\mathrm{E}[R_P]$:

$$\begin{aligned} U(R_P) &= U(\mathrm{E}[R_P]) + U'(\mathrm{E}[R_P])(R_P - \mathrm{E}[R_P]) + \\ &\quad + \frac{U''(\mathrm{E}[R_P])}{2}(R_P - \mathrm{E}[R_P])^2 + \\ &\quad + \sum_{i=3}^{\infty} \frac{1}{i!} U^{(i)}(\mathrm{E}[R_P])(R_P - \mathrm{E}[R_P])^i. \end{aligned} \quad (2.3)$$

Dabei ist $U^{(i)}(\mathrm{E}[R_P])$ die i–te Ableitung der Nutzenfunktion an der Stelle $\mathrm{E}[R_P]$, und es wird beliebig häufige Differenzierbarkeit der Nutzenfunktion vorausgesetzt. Für den Erwartungsnutzen ergibt sich dann mit $m_{P,i}$ als i–tem theoretischen Zentralmoment der Verteilung von R_P:

$$\begin{aligned} \mathrm{E}[U(R_P)] &= U(\mathrm{E}[R_P]) + U'(\mathrm{E}[R_P])\mathrm{E}[(R_P - \mathrm{E}[R_P])] + \\ &\quad + \frac{U''(\mathrm{E}[R_P])}{2}\mathrm{E}[(R_P - \mathrm{E}[R_P])^2] + \\ &\quad + \sum_{i=3}^{\infty} \frac{1}{i!} U^{(i)}(\mathrm{E}[R_P])\mathrm{E}[(R_P - \mathrm{E}[R_P])^i] \\ &= U(\mathrm{E}[R_P]) + \frac{U''(\mathrm{E}[R_P])}{2}\mathrm{V}[R_P] + \sum_{i=3}^{\infty} \frac{1}{i!} U^{(i)}(\mathrm{E}[R_P]) m_{P,i}. \end{aligned} \quad (2.4)$$

Ohne weitere Spezifikation der Verteilung kann aus Gleichung (2.4) gefolgert werden, dass der Erwartungsnutzen der Portfolio–Rendite von dem Erwartungswert, der Varianz und den Zentralmomenten höherer Ordnung der Portfolio–Rendite abhängt.

[13] Modelle der Portfolio– und Kapitalmarkt–Theorie setzen überwiegend risikoaverse Entscheidungsträger und damit konkave Nutzenfunktionen voraus. Vgl. zu den unterschiedlichen Verhaltensformen von Entscheidungsträgern und den daraus resultierenden Eigenschaften von Nutzenfunktionen zum Beispiel BAMBERG/COENENBERG (2008).

Im Falle normalverteilter Renditen gilt für die Zentralmomente:

$$m_{P,i} = \begin{cases} 0 & \text{für } i \text{ ungerade} \\ \sigma^i (i-1)(i-3) \cdot \ldots \cdot 3 \cdot 1 & \text{für } i \text{ gerade} \end{cases}, \tag{2.5}$$

das heißt die Zentralmomente gerader Ordnung lassen sich ab der Ordnung vier mittels der Varianz darstellen (ungerade Momente sind alle null). Aufgrund dieser Eigenschaft der Normalverteilung reduziert sich der Ausdruck (2.4) auf ein Präferenzfunktional, das nur von $\mu_P := \mathrm{E}[R_P]$ und $\sigma_P^2 := \mathrm{V}[R_P]$ abhängt:

$$\mathrm{E}[U(R_P)] = f(\mu_P, \sigma_P^2) \,. \tag{2.6}$$

Für die vorausgesetzte konkave Nutzenfunktion ist $U''(\mathrm{E}[R_P])$ in Ausdruck (2.4) negativ, so dass eine positive Abhängigkeit des Erwartungsnutzens vom Portfolio–Ertrag und eine negative Abhängigkeit vom Portfolio–Risiko besteht.

Falls eine Normalverteilung der Renditen nicht angenommen werden kann, ist die Anwendung des (μ, σ)–Prinzips nur unter der zweiten oben genannten Bedingung, **Annahme einer quadratischen Nutzenfunktion**, adäquat. Die Begründung ist darin zu sehen, dass die i–ten Ableitungen einer quadratischen Nutzenfunktion in (2.4) für $i > 2$ gleich null sind. Allerdings beschreibt eine quadratische Nutzenfunktion den seltenen Fall, dass es sich bei der riskanten Portfolio–Rendite um ein „inferiores Gut“ handelt. Daher sollte die Nutzenfunktion auf den aufsteigenden Ast der Parabel beschränkt werden.

2.1.2 Ertrag, Risiko und Diversifikation

In Abs. 2.1.1 wurde gezeigt, dass unter den beschriebenen Annahmen die quantitative Erfassung von Ertrag und Risiko mittels Erwartungswert und Varianz (beziehungsweise Standardabweichung) der Portfolio–Rendite adäquat ist. Das Ziel dieses Abschnitts ist nun die Bestimmung von μ_P und σ_P^2 der Rendite–Verteilung und die Verdeutlichung des Diversifikationseffektes. Die Rendite R_P eines Portfolios ergibt sich als gewichtete Summe der Renditen $\mathbf{r}' = (R_1, R_2, ..., R_n)$ aller n Einzelpositionen im Portfolio:

$$R_P = \sum_{i=1}^{n} w_i R_i = \mathbf{w}'\mathbf{r}; \qquad \text{mit} \sum_{i=1}^{n} w_i = \mathbf{w}'\mathbf{1} = 1 \quad \text{und } \mathbf{1} = (1, \ldots, 1)'. \tag{2.7}$$

Die Gewichte $\mathbf{w}' = (w_1, w_2, ..., w_n)$ entsprechen den Portfolio–Anteilen der einzelnen Portfolio–Positionen. Die so genannte Budgetrestriktion $\mathbf{w}'\mathbf{1} = 1$ besagt, dass das anzulegende Kapital vollständig auf die zur Verfügung stehenden Anlagealternativen aufgeteilt wird.

Durch Anwendung des Erwartungswertoperators kommt man leicht zur erwarteten Portfolio–Rendite als **Ertrag** des Portfolios:

$$\mu_P := E[R_P] = E\left[\sum_{i=1}^{n} w_i R_i\right] = \sum_{i=1}^{n} w_i E[R_i] = \sum_{i=1}^{n} w_i \mu_i = \mathbf{w}'\boldsymbol{\mu}\,, \tag{2.8}$$

wobei im Vektor $\boldsymbol{\mu}' = (\mu_1, \mu_2, ..., \mu_n)$ die Erwartungswerte der Renditeströme enthalten sind. Die erwartete Portfolio–Rendite ist demnach als die Summe der mit den Portfolio–Anteilen gewichteten Erwartungswerte der einzelnen Renditeströme definiert.

Das **Risiko**, ausgedrückt durch die Varianz, des Portfolios lässt sich entsprechend durch Anwendung des Varianzoperators bestimmen:

$$\begin{aligned} \sigma_P^2 &:= V[R_P] \\ &= V\left[\sum_{i=1}^{n} w_i R_i\right] && \text{(2.9 a)} \\ &= \sum_{i=1}^{n} w_i^2 \sigma_i^2 + \sum_{i=1}^{n} \sum_{j=1, i \neq j}^{n} w_i w_j \sigma_{ij} && \text{(2.9 b)} \\ &= \sum_{i=1}^{n} \sum_{j=1}^{n} w_i w_j \sigma_{ij} = \mathbf{w}'\boldsymbol{\Sigma}\mathbf{w}\,. && \text{(2.9 c)} \end{aligned}$$

Nach (2.9c) ist die Portfolio–Varianz abhängig von den Portfolio–Gewichten und der Varianz–Kovarianz–Matrix $\boldsymbol{\Sigma}$ der einzelnen Portfolio–Renditen. Die Varianz–Kovarianz–

Matrix umfasst auf der Hauptdiagonalen die Varianzen $\sigma_i^2 = \sigma_{ii}$ der einzelnen Renditen und an allen anderen Stellen die Kovarianzen σ_{ij} als Maß für die linearen Abhängigkeiten zwischen den Renditen je zweier Anlagealternativen.

Zur Verdeutlichung des **Diversifikationseffektes** wird das in Gleichung (2.9b) definierte Portfolio–Risiko mit dem durchschnittlichen Risiko der n Renditeströme der Portfolio–Positionen verglichen. Die durchschnittliche Standardabweichung $\bar{\sigma}_i$ stellt sich als Linearkombination der Einzelstandardabweichungen σ_i $(i = 1, 2, ..., n)$ dar:

$$\bar{\sigma}_i = \sum_{i=1}^{n} w_i \sigma_i \, . \tag{2.10}$$

Zu (2.10) gehört die „durchschnittliche Varianz“ $\bar{\sigma}_i^2$:[14)]

$$\begin{aligned} \bar{\sigma}_i^2 &= \left(\sum_{i=1}^{n} w_i \sigma_i \right)^2 \\ &= \sum_{i=1}^{n} w_i^2 \sigma_i^2 + \sum_{i=1}^{n} \sum_{j=1, i \neq j}^{n} w_i w_j \sigma_i \sigma_j \, . \end{aligned} \tag{2.11}$$

Aus der Darstellung des Ausdrucks (2.9b) mit Hilfe des Korrelationskoeffizienten ρ_{ij} anstelle der Kovarianz $\sigma_{ij} = \sigma_i \sigma_j \rho_{ij}$:

$$\sigma_P^2 = \sum_{i=1}^{n} w_i^2 \sigma_i^2 + \sum_{i=1}^{n} \sum_{j=1, i \neq j}^{n} w_i w_j \sigma_i \sigma_j \rho_{ij} \, , \tag{2.12}$$

ist zu ersehen, dass die Varianz der Portfolio–Rendite nur dann gleich der durchschnittlichen Varianz der Einzelpositionen ist, wenn die ρ_{ij} für alle i, j–Kombinationen gleich eins sind. $\rho_{ij} = 1$ beschreibt den unrealistischen Fall, dass die Renditeströme der Anlagealternativen i und j einen perfekt positiven linearen Zusammenhang aufweisen. Da allgemein $-1 \leq \rho_{ij} \leq 1$ gilt, ist das Portfolio–Risiko in allen anderen Fällen kleiner als

14) Dabei sei darauf hingewiesen, dass der „Durchschnitt der Varianzen“ nicht gleich der „Varianz des Durchschnitts“ ist.

das durchschnittliche Risiko. Anders formuliert reduziert die Kombination n verschiedener Anlagealternativen (Diversifikation) in der Regel das mit der Vermögensanlage in diese n Titel verbundene Gesamtrisiko.

Eine alternative Veranschaulichung des Diversifikationseffektes soll anhand eines Beispiels erfolgen. Dazu wird die Portfolio–Varianz für die Anlage in eine, zwei oder drei Anlagepositionen verglichen. Gegeben seien drei Alternativen mit den folgenden als bekannt vorausgesetzten Parametern:

Position	$E[R_i]$	Varianz–Kovarianz–Matrix			Korrelations–Matrix		
R_1	0,04	0,6084	−0,2579	−0,1326	1	−0,7689	−0,2000
R_2	0,30	−0,2579	0,1849	−0,0366	−0,7689	1	−0,1000
R_3	0,50	−0,1326	−0,0366	0,7225	−0,2000	−0,1000	1

Wird in dem Portfolio nur die erste Alternative mit der Rendite R_1 aufgenommen, so ergibt sich die Varianz des Portfolios direkt aus obiger Varianz–Kovarianz–Matrix mit $\sigma^2 = 0{,}6084$. Durch Hinzunahme der zweiten Alternative reduziert sich das Portfolio–Risiko aufgrund des Korrelationskoeffizienten in Höhe von $\rho_{1,2} = \rho_{2,1} = -0{,}7689$. Wie stark die Reduktion ausfällt, hängt von der Gewichtung der beiden Alternativen im Portfolio ab. In der nachfolgenden Abbildung sind in der so genannten *Risiko–Ertrags–Kurve* alle Kombinationen von Portfolio–Standardabweichungen und –Erwartungswerten abgetragen, die sich für die verschiedenen Portfolio–Anteile der beiden Anlagealternativen ergeben können.

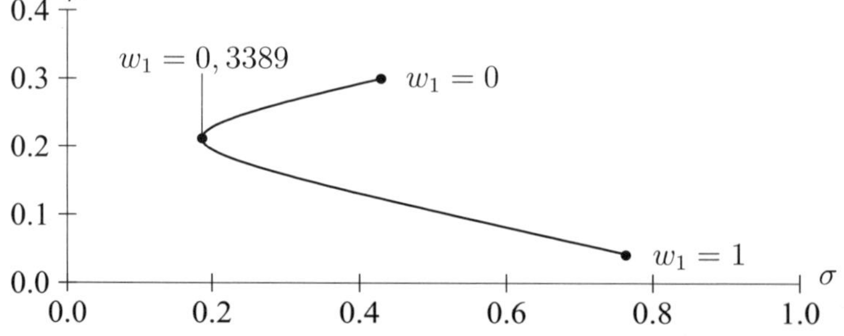

Die minimale Standardabweichung in Höhe von $\sigma_P = 0{,}1868$ wird mit $w_1 = 0{,}3389$ und $w_2 = 0{,}6611$ realisiert, was im nachfolgenden Kapitel noch analytisch hergeleitet wird.

Für den Fall, dass alle drei Anlagealternativen in das Portfolio aufgenommen werden, reduziert sich bei varianzminimaler Gewichtung ($w_1 = 0{,}294,\ w_2 = 0{,}574,\ w_3 = 0{,}132$) das Portfolio–Risiko weiter auf $\sigma_P = 0{,}023$. Durch diese Art der Betrachtung wird deutlich, dass die Portfolio–Varianz mit wachsender Anzahl der Portfolio–Elemente, das heißt mit zunehmender Diversifikation, sinkt.

Zum besseren Verständnis soll abschließend die Risiko–Ertrags–Kurve für den Extremfall perfekt korrelierter Anlagealternativen entwickelt werden. In der obigen Abbildung war für den einfachen Zwei–Positionen–Fall ein Korrelationskoeffizient $\rho = -0{,}7689$ gegeben. Bei *perfekter negativer Korrelation* $\rho = -1$ erhält man eine gebrochene Kurve mit zwei Geraden–Abschnitten.[15)] Das Risiko kann in diesem Fall auf null reduziert werden, was einfach gezeigt werden kann. Gemäß Gleichung (2.12) lautet die Portfolio–Varianz im Zwei–Anlagen–Fall bei $\rho = -1$:

$$\sigma_P^2 = w_1^2\sigma_1^2 + (1-w_1)^2\sigma_2^2 - 2w_1(1-w_1)\sigma_1\sigma_2 = (w_1\sigma_1 - (1-w_1)\sigma_2)^2 \,. \qquad (2.13)$$

Wenn man den Ausdruck (2.13) gleich null setzt, ergibt sich das Gewicht

$$w_1^* = \frac{\sigma_2}{\sigma_1 + \sigma_2} \,, \qquad (2.14)$$

für das die Portfolio–Varianz null wird. Die dazugehörige erwartete Portfolio–Rendite μ_P^* lautet:

$$\mu_P^* = w_1^*\mu_1 + (1-w_1^*)\mu_2 = \frac{\sigma_2}{\sigma_1+\sigma_2}\mu_1 + \frac{\sigma_1}{\sigma_1+\sigma_2}\mu_2 \,. \qquad (2.15)$$

15) Dieses Ergebnis ist abweichend zu TOBIN (1965), der für $\rho = -1$ eine Risiko–Ertrags–Kurve mit parabolischem Verlauf ableitet.

Im Falle *perfekter positiver linearer Abhängigkeit* zwischen den Anlagealternativen wird die Kurve zu einer linearen Verbindung zwischen den extremen Punkten $w_1 = 0$ und $w_1 = 1$. Bei $\rho = 1$ lautet die Portfolio–Varianz nach Gleichung (2.12) im Zwei–Anlagen–Fall:

$$\sigma_P^2 = w_1\sigma_1^2 + (1 - w_1)\sigma_2^2 + 2w_1(1 - w_1)\sigma_1\sigma_2 = (w_1\sigma_1 + (1 - w_1)\sigma_2)^2 , \qquad (2.16)$$

aus deren Wurzel sich das Gewicht w_1 bestimmen lässt:

$$w_1 = \frac{\sigma_P - \sigma_2}{\sigma_1 - \sigma_2} . \qquad (2.17)$$

Demzufolge kann der allgemeine Zusammenhang zwischen Portfolio–Erwartungswert und –Standardabweichung im Falle perfekter positiver Korrelation durch folgenden Ausdruck beschrieben werden:

$$\mu_P = w_1\mu_1 + (1 - w_1)\mu_2 = \frac{\mu_1 - \mu_2}{\sigma_1 - \sigma_2}\sigma_P + \frac{\sigma_1\mu_2}{\sigma_1 - \sigma_2} - \frac{\sigma_2\mu_1}{\sigma_1 - \sigma_2} . \qquad (2.18)$$

In dem oben beschriebenen Beispiel ist $\mu_1 < \mu_2$ und $\sigma_1 > \sigma_2$, so dass sich eine lineare Risiko–Ertrags–Kurve mit negativer Steigung ergibt. In der nächsten Abbildung sind zusammenfassend die beiden Extremfälle und das obige Beispiel (mit $\rho = -0{,}7689$) graphisch dargestellt.

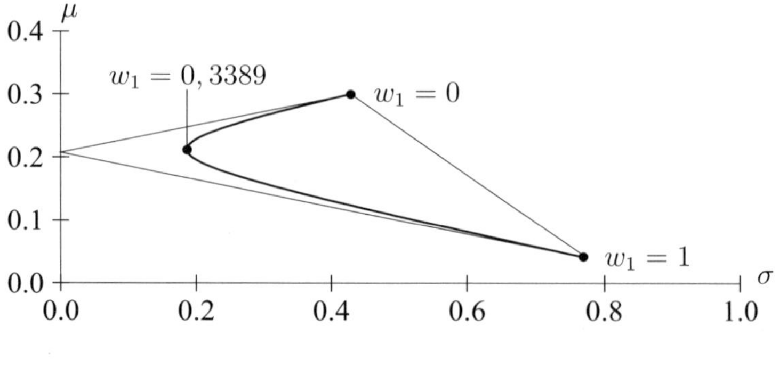

2.1.3 Effiziente Portfolios

Ausgehend von dem Portfolio mit der geringsten Varianz wird der obere Ast der im vorangegangenen Kapitel eingeführten Risiko–Ertrags–Kurve als der **effiziente Rand** riskanter Portfolios (synonym: **Effizienzkurve** oder **–linie**) bezeichnet. Auf dem unteren Ast sind nur ineffiziente Portfolios zu finden.

Allgemein hat MARKOWITZ (1959) ein Portfolio A eines risikoaversen Investors als effizient bezeichnet, wenn es zu diesem Portfolio keine Alternative gibt, die

- bei *gleichem Risiko* einen *höheren Ertrag*,
- bei *gleichem Ertrag* ein *geringeres Risiko* oder
- einen *höheren Ertrag* bei einem *geringeren Risiko*

erwarten lässt. Reduziert man die Risiko–Ertrags–Kurve auf den effizienten Rand, ergeben sich aus den oben genannten Effizienzkriterien folgende Schlussfolgerungen:[16)]

- Im zweiten Quadranten (einschließlich dem Rand, aber ohne A) können definitionsgemäß gar keine Portfolios liegen.
- Die im vierten Quadranten (einschließlich dem Rand, aber ohne A) liegenden Portfolios verstoßen gegen eines der Effizienzkriterien und sind damit ineffizient.
- Die Effizienzlinie verläuft durch die Quadranten I und III.
- Den unteren Randpunkt der Kurve stellt das Portfolio mit der geringsten Varianz (Globales Minimum–Varianz–Portfolio, kurz: GMV) dar.
- Der obere Randpunkt der Kurve ist durch das Portfolio mit der maximalen erwarteten Rendite (Globales Maximum–Erwartungswert–Portfolio, kurz: GME) gegeben, das ausschließlich aus der Anlagealternative mit dem maximalen Erwartungswert besteht.

16) Vgl. zu dieser Darstellung SHARPE (1970).

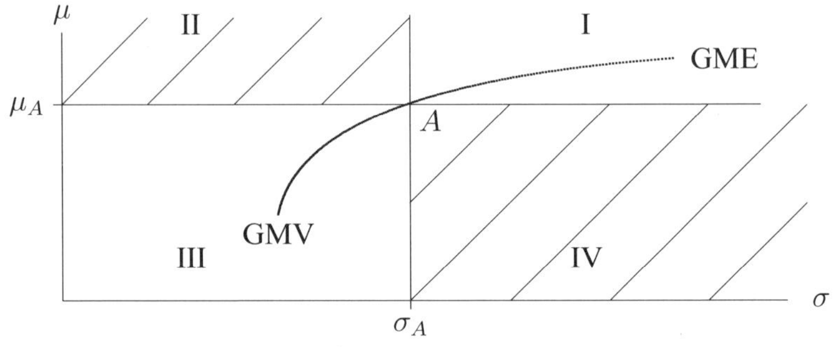

2.2 Optimierung nach MARKOWITZ

Die von MARKOWITZ eingeführte Effizienzkurve umfasst alle möglichen μ–σ–Kombinationen von effizienten Portfolios. Aus der obigen Definition effizienter Portfolios ergeben sich zwei alternative Formulierungen für den klassischen MARKOWITZ–Optimierungsansatz. Man sucht

1. entweder das Gewichtssystem, welches bei gegebener Portfolio–Varianz zu der maximalen erwarteten Portfolio–Rendite führt, oder
2. das varianzminimierende Portfolio bei gegebenem Erwartungswert der Portfolio–Rendite.

Nachfolgend werden die Zielfunktionen für beide Varianten und deren exakte Lösungen bei Zulässigkeit von Leerverkäufen sowie approximative Verfahren bei Unzulässigkeit von Leerverkäufen abgeleitet.

2.2.1 Varianzminimum bei gegebenem Erwartungswert

Zunächst sei der zweite Fall des varianzminimierenden Portfolios bei gegebenem Erwartungswert μ_0 betrachtet. Die Zielfunktion und die dazugehörenden Restriktionen lauten:

$$\min! \quad Z(\mathbf{w}) = \mathbf{w}'\mathbf{\Sigma}\mathbf{w} \qquad \text{unter} \quad \mathbf{w}'\boldsymbol{\mu} = \mu_0 \quad \text{und} \quad \mathbf{w}'\mathbf{1} = 1\,. \tag{2.19}$$

Da es sich bei dieser Zielfunktion um eine quadratische Funktion und bei den Restriktionen um lineare Gleichungen ohne Vorzeichen–Beschränkung von **w** handelt, kann die exakte Lösung mittels des LAGRANGE–Ansatzes bestimmt werden. Die zu maximierende LAGRANGE–Funktion ist gegeben durch:

$$L(\mathbf{w}, \lambda_1, \lambda_2) = -\mathbf{w}'\mathbf{\Sigma}\mathbf{w} + \lambda_1(\mathbf{w}'\boldsymbol{\mu} - \mu_0) + \lambda_2(\mathbf{w}'\mathbf{1} - 1)\,. \tag{2.20}$$

Mit $a := \mathbf{1}'\mathbf{\Sigma}^{-1}\mathbf{1}$, $b := \mathbf{1}'\mathbf{\Sigma}^{-1}\boldsymbol{\mu}$, $c := \boldsymbol{\mu}'\mathbf{\Sigma}^{-1}\boldsymbol{\mu}$ führen die null gesetzten partiellen Ableitungen der LAGRANGE–Funktion zu:

$$\begin{aligned}
\frac{\partial L}{\partial \mathbf{w}} &= -2\mathbf{\Sigma}\mathbf{w} + \lambda_1\boldsymbol{\mu} + \lambda_2\mathbf{1} = 0 & \Rightarrow \quad \mathbf{w} &= \frac{\lambda_1}{2}\mathbf{\Sigma}^{-1}\boldsymbol{\mu} + \frac{\lambda_2}{2}\mathbf{\Sigma}^{-1}\mathbf{1} \\
\frac{\partial L}{\partial \lambda_1} &= \mathbf{w}'\boldsymbol{\mu} - \mu_0 = \frac{\lambda_1 c}{2} + \frac{\lambda_2 b}{2} - \mu_0 = 0 & \Rightarrow \quad \lambda_1 &= \frac{2\mu_0}{c} - \frac{\lambda_2 b}{c} \\
\frac{\partial L}{\partial \lambda_2} &= \mathbf{w}'\mathbf{1} - 1 = \frac{\lambda_1 b}{2} + \frac{\lambda_2 a}{2} - 1 = 0 & \Rightarrow \quad \lambda_1 &= \frac{2}{b} - \frac{\lambda_2 a}{b} \\
\lambda_2 &= 2\frac{c - \mu_0 b}{ac - b^2} & \text{und} \quad \lambda_1 &= 2\frac{\mu_0 a - b}{ac - b^2}\,.
\end{aligned}$$

Daraus folgt das **varianzminimierende Portfolio bei gegebenem Erwartungswert** (kurz: MV) mit dem Gewichtssystem:

$$\mathbf{w} = \frac{(\mu_0 a - b)\mathbf{\Sigma}^{-1}\boldsymbol{\mu} + (c - \mu_0 b)\mathbf{\Sigma}^{-1}\mathbf{1}}{ac - b^2} \tag{2.21}$$

und einer minimalen Varianz in Höhe von

$$Z_{min} = \frac{\mu_0^2 a - 2\mu_0 b + c}{ac - b^2}\,. \tag{2.22}$$

<u>Beispiel:</u>

Wir betrachten ein (sehr kleines) Anlageuniversum aus drei Wertpapieren mit den zufälligen Renditen R_1, R_2, R_3 und deren Erwartungswerten

$$\boldsymbol{\mu} = (\mu_1, \mu_2, \mu_3)' = (0,05;\ 0,1;\ 0,2)'.$$

Die Kovarianzmatrix der Renditen sei mit

$$\boldsymbol{\Sigma} = \begin{pmatrix} 0,60 & -0,20 & -0,50 \\ -0,20 & 0,20 & 0,30 \\ -0,50 & 0,30 & 0,70 \end{pmatrix}$$

gegeben. Nehmen wir an, es soll eine erwartete Rendite von $\mu_0 = 0,25$ erzielt werden. Dann lautet das varianzminimierende Portfolio:

$$\mathbf{w} = (0,8286;\ -1,7429;\ 1,9143)'.$$

Das zweite Wertpapier wird „leer verkauft". Das heißt man leiht sich für $174,29\%$ des eigenen Anlagevermögens dieses Wertpapier — zum Beispiel bei einer Bank — aus und verkauft es sofort an der Börse. Von dem Erlös und dem eigenen Anlagevermögen investiert man $82,86\%$ — des ursprünglichen Anlagevermögens — in das erste Wertpapier und $191,43\%$ in das dritte Wertpapier.

Dieses optimale Portfolio hat eine minimale Varianz von

$$Z_{min} = 0,5743$$

und damit eine Standardabweichung von $\sigma_P = 0,7578$.

Ein wichtiger Grenzfall dieses ersten MARKOWITZ–Ansatzes ist das Globale Minimum–Varianz–Portfolio. Dieses als GMV bezeichnete Portfolio ist das effiziente Portfolio mit der minimalen Varianz und stellt damit den unteren Randpunkt der Effizienzlinie dar. Bei der Optimierung kann nur in diesem Fall auf die Vorgabe von μ_0 verzichtet werden. Dadurch vereinfacht sich der Optimierungsansatz zu:

$$\max!\quad L(\mathbf{w},\lambda) = -\mathbf{w}'\boldsymbol{\Sigma}\mathbf{w} + \lambda(\mathbf{w}'\mathbf{1} - 1)\,. \tag{2.23}$$

$$\begin{aligned} \frac{\partial L}{\partial \mathbf{w}} &= -2\boldsymbol{\Sigma}\mathbf{w} + \lambda\mathbf{1} = 0 & \Rightarrow\ \mathbf{w} &= \frac{\lambda}{2}\boldsymbol{\Sigma}^{-1}\mathbf{1} \\ \frac{\partial L}{\partial \lambda} &= \mathbf{w}'\mathbf{1} - 1 = \frac{\lambda\mathbf{1}\boldsymbol{\Sigma}^{-1}\mathbf{1}}{2} - 1 = 0 & \Rightarrow\ \lambda &= \frac{2}{\mathbf{1}\boldsymbol{\Sigma}^{-1}\mathbf{1}}\,. \end{aligned}$$

Somit sind das **Gewichtssystem** und die **global minimale Varianz des GMV** gegeben durch:

$$\mathbf{w} = \frac{1}{\mathbf{1}'\boldsymbol{\Sigma}^{-1}\mathbf{1}}\boldsymbol{\Sigma}^{-1}\mathbf{1} \quad \text{und} \quad Z_{min} = \frac{1}{\mathbf{1}'\boldsymbol{\Sigma}^{-1}\mathbf{1}} \,. \tag{2.24}$$

Beispiel:

Das GMV–Portfolio unseres Beispiels lautet:

$$\mathbf{w} = (0,4;\ 0,4;\ 0,2)'.$$

Es werden jeweils 40% in die Positionen 1 und 2 und 20% in das Wertpapier 3 investiert. Die minimale Varianz beträgt

$$Z_{min} = 0,06.$$

Daraus ergibt sich eine Standardabweichung von $\sigma_P = 0,2449$ bei einem Ertrag von $\mu_P = 0,10$.

2.2.2 Erwartungswertmaximum bei gegebener Varianz

Die alternative Vorgehensweise ist die Suche nach dem Gewichtssystem, das bei gegebener Portfolio–Varianz σ_0^2 zu der maximalen erwarteten Portfolio–Rendite führt. Die Zielfunktion lautet hier:

$$\max! \quad Z(\mathbf{w}) = \mathbf{w}'\boldsymbol{\mu} \qquad \text{unter} \quad \mathbf{w}'\boldsymbol{\Sigma}\mathbf{w} = \sigma_0^2 \quad \text{und} \quad \mathbf{w}'\mathbf{1} = 1 \,. \tag{2.25}$$

Der LAGRANGE–Ansatz

$$\max! \quad L(\mathbf{w}, \lambda_1, \lambda_2) = \mathbf{w}'\boldsymbol{\mu} + \lambda_1(\mathbf{w}'\boldsymbol{\Sigma}\mathbf{w} - \sigma_0^2) + \lambda_2(\mathbf{w}'\mathbf{1} - 1) \tag{2.26}$$

führt mit

$$a := \mathbf{1}'\boldsymbol{\Sigma}^{-1}\mathbf{1}, \quad b := \mathbf{1}'\boldsymbol{\Sigma}^{-1}\boldsymbol{\mu}, \quad c := \boldsymbol{\mu}'\boldsymbol{\Sigma}^{-1}\boldsymbol{\mu}, \quad d := \sqrt{\frac{ac - b^2}{a\sigma_0^2 - 1}}$$

zu folgendem Gleichungssystem:

$$\begin{aligned}
\frac{\partial L}{\partial \mathbf{w}} &= \boldsymbol{\mu} + 2\lambda_1 \boldsymbol{\Sigma}\mathbf{w} + \lambda_2 \mathbf{1} = 0 &\Rightarrow \quad \mathbf{w} &= -\frac{1}{2\lambda_1}\boldsymbol{\Sigma}^{-1}(\boldsymbol{\mu} + \lambda_2 \mathbf{1}) \\
\frac{\partial L}{\partial \lambda_1} &= \mathbf{w}'\boldsymbol{\Sigma}\mathbf{w} - \sigma_0^2 = 0 &\Rightarrow \quad \lambda_1^2 &= \frac{1}{4\sigma_0^2}(c + 2\lambda_2 b + \lambda_2^2 a) \\
\frac{\partial L}{\partial \lambda_2} &= \mathbf{w}'\mathbf{1} - 1 = 0 &\Rightarrow \quad \lambda_1 &= -\frac{1(b + \lambda_2 a)}{2} \\
& &\Rightarrow \quad \lambda_2 &= \frac{d - b}{a} \,.
\end{aligned}$$

Die Lösung lautet in Übereinstimmung mit Gleichung (2.24):[17)]

$$\mathbf{w} = \begin{cases} \frac{1}{d}\boldsymbol{\Sigma}^{-1}\boldsymbol{\mu} + \frac{d-b}{ad}\boldsymbol{\Sigma}^{-1}\mathbf{1} & \text{für } \sigma_0^2 > \frac{1}{a} = \frac{1}{\mathbf{1}'\boldsymbol{\Sigma}^{-1}\mathbf{1}} \\ \frac{1}{a}\boldsymbol{\Sigma}^{-1}\mathbf{1} & \text{für } \sigma_0^2 = \frac{1}{\mathbf{1}'\boldsymbol{\Sigma}^{-1}\mathbf{1}} \,. \end{cases} \tag{2.27}$$

Der dazugehörige maximale Zielfunktionswert, also der maximale Portfolio–Erwartungswert, ist:

$$Z_{max} = \begin{cases} \frac{c}{d} + \frac{d-b}{ad}b & \text{für } \sigma_0^2 > \frac{1}{a} = \frac{1}{\mathbf{1}'\boldsymbol{\Sigma}^{-1}\mathbf{1}} \\ \frac{b}{a} & \text{für } \sigma_0^2 = \frac{1}{\mathbf{1}'\boldsymbol{\Sigma}^{-1}\mathbf{1}} \,. \end{cases} \tag{2.28}$$

Beispiel:

Das ertragsmaximale Portfolio aus unseren drei Wertpapieren mit einer maximalen Varianz von beispielsweise $\sigma_0^2 = 0,5$ lautet:

$$\mathbf{w} = (0,7964;\ -1,5820;\ 1,7856)'.$$

17) Da der Radikand von d, nämlich $(ac - b^2)/(a\sigma_0^2 - 1)$, nicht–negativ sein muss und nach der Ungleichung von CAUCHY und SCHWARZ $ac = (\boldsymbol{\Sigma}^{-1/2}\mathbf{1})'(\boldsymbol{\Sigma}^{-1/2}\mathbf{1}) \cdot (\boldsymbol{\Sigma}^{-1/2}\boldsymbol{\mu})'(\boldsymbol{\Sigma}^{-1/2}\boldsymbol{\mu}) = |\boldsymbol{\Sigma}^{-1/2}\mathbf{1}|^2 \cdot |\boldsymbol{\Sigma}^{-1/2}\boldsymbol{\mu}|^2 \geq (\mathbf{1}'\boldsymbol{\Sigma}^{-1}\boldsymbol{\mu})^2 = b^2$ gilt, ist $\sigma_0^2 \geq 1/a$.

Das zweite Wertpapier ist also zu $158,2\%$ des eigenen Anlagevermögens leer zu verkaufen. $79,64\%$ werden dann in das erste und $178,56\%$ in das dritte Wertpapier investiert. Damit lässt sich ein Ertrag von

$$Z_{max} = \mu_P = 0,2387$$

bei einer vorgegebenen Standardabweichung von $\sigma_P = 0,7071$ erwirtschaften.

Der zuletzt beschriebene Ansatz ist in der Literatur und auch in der praktischen Umsetzung eher selten zu finden. Im Folgenden wird daher unter dem *klassischen Ansatz* der MARKOWITZ–Ansatz in seiner Varianz–Minimierungs–Formulierung verstanden.

Bei beiden Ansätzen, und auch allen nachfolgenden, ist zudem häufig die praxisrelevante Leerverkaufsrestriktion $w_i \geq 0$ zu berücksichtigen. Die Leerverkaufsrestriktion schließt so genannte Short–Positionen aus, das heißt leerverkaufte Positionen. Eine solche Einschränkung des Wertebereichs von $\mathbf{w}$ macht die Berechnung einer geschlossenen Lösung durch Anwendung des LAGRANGE–Ansatzes in der beschriebenen Form nicht mehr möglich. Allgemein können nichtlineare Probleme mit Beschränkungen der Variablen mittels numerischer Optimierungs–Algorithmen wie zum Beispiel dem BHHH– oder dem BFGS–Verfahren in Verbindung mit Straf– oder Barrierefunktionen gelöst werden.[18)] In Abs. 2.5 wird ein speziell für quadratisch–konvexe Probleme geeigneter Lösungsweg auf der Basis der so genannten KARUSH–KUHN–TUCKER–Bedingungen und dem WOLFE–Algorithmus beschrieben. Außerdem wird dort auch das *Verfahren der Schnittebenen* zur approximativen Berechnung eines Erwartungswertmaximums bei gegebener Varianz und Leerverkaufsrestriktionen vorgestellt.

Verwandt mit dem WOLFE–Algorithmus ist der *Critical–Lines–Algorithmus* von MARKOWITZ (1959), der die Menge aller effizienten Portfolios — unter Ausschluss von Leerverkäufen — bestimmt. Dabei handelt es sich um eine spezielle Anwendung der damals erst seit kurzer Zeit bekannten *parametrischen Optimierung*. Dieser auf den klassischen MARKOWITZ–Ansatz zugeschnittene Algorithmus wird nachfolgend in seinen Grundzügen dargestellt.

---

18) Vgl. zum Beispiel JUDGE et al. (1985, Appendix B) oder NEUMANN/MORLOCK (2002).

2.2.3 Critical–Lines–Algorithmus

MARKOWITZ (1959) formuliert den Ansatz wie folgt: „*The set of efficient portfolios is made up of segments from critical lines*“. Es bezeichne $\mathcal{C}$ die Menge der momentan „aktiven“ Assets beziehungsweise deren Indizes, die an der betrachteten Stelle der Effizienzkurve mit einem positiven Gewicht zum Portfolio gehören. Seien weiterhin

$$\mathbf{M} := \begin{pmatrix} \mathbf{\Sigma} & \mathbf{1} \\ \mathbf{1}' & 0 \end{pmatrix}, \qquad \mathbf{R} := \begin{pmatrix} \mathbf{0} \\ 1 \end{pmatrix}, \qquad \mathbf{S} := \begin{pmatrix} \boldsymbol{\mu} \\ 0 \end{pmatrix}$$

sowie $\widetilde{\mathbf{M}}$ wie $\mathbf{M}$, jedoch mit Einheitsvektoren (zeilen– und spaltenweise) für Zeilen und Spalten $j \leq n$ mit $j \notin \mathcal{C}$, und $\tilde{\mathbf{S}}$ wie $\mathbf{S}$, aber mit $\tilde{\mathbf{S}}_j = 0$ für $j \notin \mathcal{C}$.

Die momentan aktiven Assets $j \in \mathcal{C}$ liegen dann auf der „kritischen Geraden“

$$\widetilde{\mathbf{M}} \cdot \begin{pmatrix} \mathbf{w} \\ \lambda \end{pmatrix} = \mathbf{R} + \tilde{\mathbf{S}} \cdot x, \tag{2.29}$$

die sich aus der notwendigen Bedingung für ein Optimum der LAGRANGE–Funktion ergibt, wobei λ den LAGRANGE–Multiplikator für die Budget–Restriktion und x den LAGRANGE–Multiplikator der zusätzlichen „lokalen“ Restriktion $\mathbf{w}'\boldsymbol{\mu} = \mu_0$ und gleichzeitig die Variable der Geradengleichung darstellt. Es handelt sich formal um die Parameterform einer Geraden im $\mathbb{R}^{n+1}$ mit dem Parameter x. Für gegebenes x können die Gewichte (und der LAGRANGE–Multiplikator) folgendermaßen berechnet werden:

$$\begin{pmatrix} \mathbf{w} \\ \lambda \end{pmatrix} = \widetilde{\mathbf{M}}^{-1}\mathbf{R} + \widetilde{\mathbf{M}}^{-1}\tilde{\mathbf{S}} \cdot x \tag{2.30}$$

$$= \underbrace{\mathbf{N} \cdot \mathbf{R}}_{=:\,\mathbf{T}} + \underbrace{\mathbf{N} \cdot \mathbf{S}}_{=:\,\mathbf{U}} \cdot x, \tag{2.31}$$

wobei $\mathbf{N}$ wie $\widetilde{\mathbf{M}}^{-1}$ definiert ist, jedoch mit Nullen in Zeile und Spalte j für alle $j \notin \mathcal{C}$.

Der *Critical–Lines–Algorithmus* berechnet — ausgehend vom ertragsmaximalen Portfolio — sukzessive die so genannten „Corner–Portfolios“, bei denen im Vergleich zum jeweils aktuellen Portfolio entweder ein weiteres Asset aufgenommen wird oder eines der momentan aktiven Assets das Portfolio verlässt. Dabei wird der Parameter x kontinuierlich reduziert, bis er negativ wird oder es kein weiteres effizientes Corner–Portfolio mehr gibt. Die Corner–Portfolios stellen die Schnittstellen benachbarter kritischer Geraden dar.

Der Algorithmus kann nun folgendermaßen beschrieben werden:

1. Bestimme das ertragsmaximale Asset j mit $\mu_j = \max\{\mu_1, \ldots, \mu_n\}$ und setze $\mathcal{C} = \{j\}$. Falls j nicht eindeutig ist, wähle beliebig eines der ertragsmaximalen Assets. Setze ferner $x_{\max} := +\infty$.

2. Berechne für die aktiven Assets $\mathcal{C}$ die Vektoren $\mathbf{T}$ und $\mathbf{U}$, wie oben beschrieben, und damit die kritische Gerade $\binom{\mathbf{w}}{\lambda} = \mathbf{T} + \mathbf{U} \cdot x$.

3. Bilde alle „benachbarten“ Asset–Mengen $\mathcal{C}^+ = \mathcal{C} \cup \{j\},\ j \notin \mathcal{C}$, und $\mathcal{C}^- = \mathcal{C} \setminus \{k\} \neq \emptyset,\ k \in \mathcal{C}$, jedoch ohne bereits betrachtete Asset–Mengen oder solche, die zu Corner–Portfolios mit negativen Gewichten führen.

4. Berechne die Schnittstellen der kritischen Geraden dieser benachbarten Asset–Mengen mit der kritischen Geraden der aktuellen Asset–Menge wie folgt:
   $x = \mathbf{M}_{j,\bullet} \cdot \mathbf{T}/(\mathbf{S}_j - M_{j,\bullet} \cdot \mathbf{U})$ für alle $j \in \mathcal{C}^+ \setminus \mathcal{C}$ (1)
   und $x = -\mathbf{T}_k/\mathbf{U}_k$ für alle $k \in \mathcal{C} \setminus \mathcal{C}^-$. (2)
   Dabei bezeichne $\mathbf{M}_{j,\bullet}$ die j–te Zeile der Matrix $\mathbf{M}$ und $\mathbf{T}_k$ beziehungsweise $\mathbf{U}_k$ die k–ten Elemente der Vektoren $\mathbf{T}$ beziehungsweise $\mathbf{U}$.

5. Setze $x_{\max}$ gleich dem Maximum dieser x–Werte, für die $0 < x < x_{\max}$ gilt, und setze $\mathcal{C}$ entsprechend gleich $\mathcal{C}^+$ beziehungsweise gleich $\mathcal{C}^-$, je nachdem, ob sich der neue maximale Parameterwert $x_{\max}$ aus (1) oder aus (2) ergeben hat. Speichere das neue Corner–Portfolio $\binom{\mathbf{w}}{\lambda} = \mathbf{T} + \mathbf{U} \cdot x_{\max}$ und gehe zurück zu Schritt 2.
   Sollten alle x–Werte aus dem vorigen Schritt negativ sein, dann berechne das abschließende Corner–Portfolio aus $\binom{\mathbf{w}}{\lambda} = \mathbf{T}$ und beende den Algorithmus.

Beispiel:

Wir wollen nun den Algorithmus für unser kleines Beispiel mit drei Wertpapieren durchrechnen. Zunächst ergeben sich $\mathbf{M}$, $\mathbf{R}$ und $\mathbf{S}$ folgendermaßen:

$$\mathbf{M} = \begin{pmatrix} 0,6 & -0,2 & -0,5 & 1,0 \\ -0,2 & 0,2 & 0,3 & 1,0 \\ -0,5 & 0,3 & 0,7 & 1,0 \\ 1,0 & 1,0 & 1,0 & 0,0 \end{pmatrix}, \qquad \mathbf{R} = \begin{pmatrix} 0 \\ 1 \\ 1 \\ 1 \end{pmatrix}, \qquad \mathbf{S} = \begin{pmatrix} 0,05 \\ 0,10 \\ 0,20 \\ 0,00 \end{pmatrix}.$$

Den maximalen Rendite-Erwartungswert besitzt das dritte Wertpapier, so dass zunächst $\mathcal{C} = \{3\}$ ist. $\widetilde{\mathbf{M}}$ ergibt sich also aus $\mathbf{M}$, indem die ersten beiden Zeilen und Spalten durch Einheitsvektoren ersetzt werden:

$$\widetilde{\mathbf{M}} = \begin{pmatrix} 1,0 & 0,0 & 0,0 & 0,0 \\ 0,0 & 1,0 & 0,0 & 0,0 \\ 0,0 & 0,0 & 0,7 & 1,0 \\ 0,0 & 0,0 & 1,0 & 0,0 \end{pmatrix}.$$

Daraus ergeben sich $\widetilde{\mathbf{M}}^{-1}$ und $\mathbf{N}$:

$$\widetilde{\mathbf{M}}^{-1} = \begin{pmatrix} 1,0 & 0,0 & 0,0 & 0,0 \\ 0,0 & 1,0 & 0,0 & 0,0 \\ 0,0 & 0,0 & 0,0 & 1,0 \\ 0,0 & 0,0 & 1,0 & -0,7 \end{pmatrix}, \qquad \mathbf{N} = \begin{pmatrix} 0,0 & 0,0 & 0,0 & 0,0 \\ 0,0 & 0,0 & 0,0 & 0,0 \\ 0,0 & 0,0 & 0,0 & 1,0 \\ 0,0 & 0,0 & 1,0 & -0,7 \end{pmatrix}.$$

Jetzt können wir $\mathbf{T}$ und $\mathbf{U}$ berechnen:

$$\mathbf{T} = \begin{pmatrix} 0,0 \\ 0,0 \\ 1,0 \\ -0,7 \end{pmatrix}, \qquad \mathbf{U} = \begin{pmatrix} 0,0 \\ 0,0 \\ 0,0 \\ 0,2 \end{pmatrix}.$$

Wir können nun versuchen, das erste Wertpapier — vorläufig und rein virtuell — zusätzlich in das Portfolio aufzunehmen, das heißt wir betrachten $\mathcal{C} = \{1, 3\}$. Das führt zu einem Parameterwert von $x = 8$ für die Schnittstelle der kritischen Geraden des alten und des neuen Portfolios:

$$x = \mathbf{M}_{1,\bullet} \cdot \mathbf{T}/(\mathbf{S}_1 - M_{1,\bullet} \cdot \mathbf{U}) = 8.$$

Wenn wir alternativ das zweite Wertpapier — vorläufig — in das Portfolio aufnehmen, also $\mathcal{C} = \{2, 3\}$ betrachten, dann ergibt sich:

$$x = \mathbf{M}_{2,\bullet} \cdot \mathbf{T}/(\mathbf{S}_2 - M_{2,\bullet} \cdot \mathbf{U}) = 4.$$

Der größere x–Wert ergibt sich bei Aufnahme des ersten Wertpapiers und er wird unter x_{max} abgespeichert: $x_{max} = 8$. Das zugehörige Corner–Portfolio wird aus

$$\begin{pmatrix} \mathbf{w} \\ \lambda \end{pmatrix} = \mathbf{T} + \mathbf{U} \cdot 8 = \begin{pmatrix} 0 \\ 0 \\ 1 \\ 0,9 \end{pmatrix}$$

berechnet und abgespeichert. (Der Wert des Lagrangeparameters muss nicht gespeichert werden.)

Mit $\mathcal{C} = \{1, 3\}$ ergibt sich nun:

$$\widetilde{\mathbf{M}} = \begin{pmatrix} 0,6 & 0,0 & -0,5 & 1,0 \\ 0,0 & 1,0 & 0,0 & 0,0 \\ -0,5 & 0,0 & 0,7 & 1,0 \\ 1,0 & 0,0 & 1,0 & 0,0 \end{pmatrix}.$$

Daraus ergeben sich $\widetilde{\mathbf{M}}^{-1}$ und $\mathbf{N}$:

$$\widetilde{\mathbf{M}}^{-1} = \begin{pmatrix} 0,4348 & 0,0000 & -0,4348 & 0,5217 \\ 0,0000 & 1,0000 & 0,0000 & 0,0000 \\ -0,4348 & 0,0000 & 0,4348 & 0,4783 \\ 0,5217 & 0,0000 & 0,4783 & -0,0739 \end{pmatrix}$$

$$\mathbf{N} = \begin{pmatrix} 0,4348 & 0,0000 & -0,4348 & 0,5217 \\ 0,0000 & 0,0000 & 0,0000 & 0,0000 \\ -0,4348 & 0,0000 & 0,4348 & 0,4783 \\ 0,5217 & 0,0000 & 0,4783 & -0,0739 \end{pmatrix}.$$

Jetzt können wir wieder $\mathbf{T}$ und $\mathbf{U}$ berechnen:

$$\mathbf{T} = \begin{pmatrix} 0,5217 \\ 0,0000 \\ 0,4783 \\ -0,0739 \end{pmatrix}, \qquad \mathbf{U} = \begin{pmatrix} -0,0652 \\ 0,0000 \\ 0,0652 \\ 0,1217 \end{pmatrix}.$$

Im nächsten Schritt könnte man noch das zweite Wertpapier in das Portfolio aufnehmen. Der resultierende Parameter berechnet sich wie folgt:

$$x = \mathbf{M}_{2,\bullet} \cdot \mathbf{T}/(\mathbf{S}_2 - M_{2,\bullet} \cdot \mathbf{U}) = 0,64.$$

Alternativ könnte man noch zu einem „benachbarten" Portfolio gelangen, indem man das dritte Wertpapier entfernt und damit nur noch das erste Asset behält. Der zugehörige x–Wert berechnet sich folgendermaßen:

$$x = -\mathbf{T}_3/\mathbf{U}_3 = -7,3333.$$

Da er negativ ist, kommt diese Alternative jedoch nicht infrage. Es wird also

$$x_{max} = 0,64$$

gesetzt. Das zugehörige Corner–Portfolio wird aus

$$\begin{pmatrix} \mathbf{w} \\ \lambda \end{pmatrix} = \mathbf{T} + \mathbf{U} \cdot 0,64 = \begin{pmatrix} 0,4800 \\ 0,0000 \\ 0,5200 \\ 0,0040 \end{pmatrix}$$

berechnet und abgespeichert.

Mit $C = \{1, 2, 3\}$ ergibt sich nun:

$$\widetilde{\mathbf{M}} = \begin{pmatrix} 0,6 & -0,2 & -0,5 & 1,0 \\ -0,2 & 0,2 & 0,3 & 1,0 \\ -0,5 & 0,3 & 0,7 & 1,0 \\ 1,0 & 1,0 & 1,0 & 0,0 \end{pmatrix}$$

$$\widetilde{\mathbf{M}}^{-1} = \begin{pmatrix} 1,5000 & -3,5000 & 2,0000 & 0,4000 \\ -3,5000 & 11,5000 & -8,0000 & 0,4000 \\ 2,0000 & -8,0000 & 6,0000 & 0,2000 \\ 0,4000 & 0,4000 & 0,2000 & -0,0600 \end{pmatrix}$$

$$\mathbf{N} = \begin{pmatrix} 1,5000 & -3,5000 & 2,0000 & 0,4000 \\ -3,5000 & 11,5000 & -8,0000 & 0,4000 \\ 2,0000 & -8,0000 & 6,0000 & 0,2000 \\ 0,4000 & 0,4000 & 0,2000 & -0,0600 \end{pmatrix}.$$

Damit können wir wieder $\mathbf{T}$ und $\mathbf{U}$ berechnen:

$$\mathbf{T} = \begin{pmatrix} 0,4000 \\ 0,4000 \\ 0,2000 \\ -0,0600 \end{pmatrix}, \qquad \mathbf{U} = \begin{pmatrix} 0,1250 \\ -0,6250 \\ 0,5000 \\ 0,1000 \end{pmatrix}.$$

Im nächsten Schritt könnte man das erste Wertpapier aus dem Portfolio entfernen. Der resultierende Parameter berechnet sich wie folgt:

$$x = -\mathbf{T}_1/\mathbf{U}_1 = -3,2.$$

Alternativ könnte man auch das dritte Wertpapier entfernen, was den folgenden Parameter ergeben würde:

$$x = -\mathbf{T}_3/\mathbf{U}_3 = -0,4.$$

Da beide Werte negativ sind, bricht der Algorithmus mit dem Corner-Portfolio ab, das sich aus

$$\begin{pmatrix} \mathbf{w} \\ \lambda \end{pmatrix} = \mathbf{T} = \begin{pmatrix} 0,4000 \\ 0,4000 \\ 0,2000 \\ -0,0600 \end{pmatrix}$$

ergibt.

In unserem einfachen Beispiel ergeben sich also nur drei Corner–Portfolios. In der folgenden Tabelle werden sie zeilenweise zusammen mit dem zugehörigen Ertrag und Risiko angegeben:

	w_1	w_2	w_3	σ_P	μ_P
$\mathbf{w}_1$	$0,00$	$0,00$	$1,00$	$0,8367$	$0,2000$
$\mathbf{w}_2$	$0,48$	$0,00$	$0,52$	$0,2791$	$0,1280$
$\mathbf{w}_3$	$0,40$	$0,40$	$0,20$	$0,2449$	$0,1000$

Das erste Corner–Portfolio besteht zu 100% aus dem ertragsstärksten Wertpapier. Das zweite Corner–Portfolio investiert 48% in Position 1 und 52% in Position 3. Und das dritte Corner–Portfolio ist das bereits bekannte GMV–Portfolio.

Durch lineare Interpolation zwischen dem ersten und zweiten,

$$\alpha \cdot \mathbf{w}_1 + (1-\alpha) \cdot \mathbf{w}_2, \qquad 0 \le \alpha \le 1,$$

sowie zwischen dem zweiten und dritten Corner–Portfolio,

$$\alpha \cdot \mathbf{w}_2 + (1-\alpha) \cdot \mathbf{w}_3, \qquad 0 \le \alpha \le 1,$$

erhält man alle effizienten Portfolios, also die Effizienzkurve, die nachfolgend zusammen mit den Corner–Portfolios in der μ–σ–Ebene dargestellt wird:

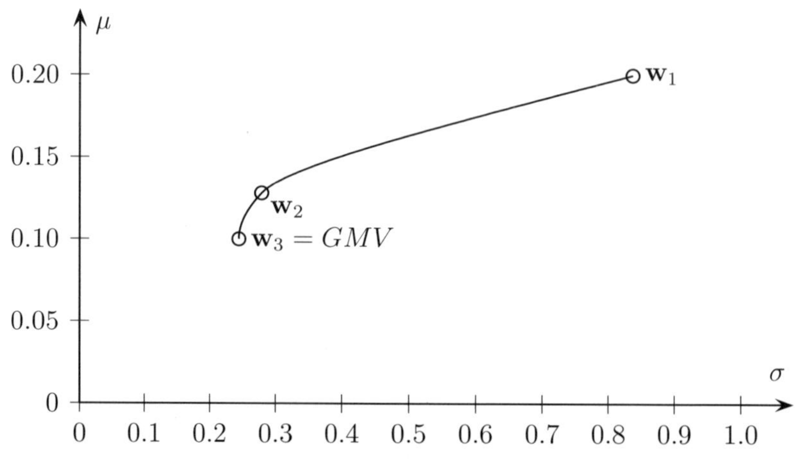

2.2.4 Geometrische Interpretation des MARKOWITZ–Ansatzes

Bisher wurde die analytische Vorgehensweise nach MARKOWITZ für das n–Positionen–Portfolio beschrieben. Im Falle dreier Anlagealternativen ist neben der analytischen Ableitung von effizienten Portfolios unter Berücksichtigung von Budget– und Leerverkaufs–Restriktionen auch eine geometrische Darstellung möglich. Dazu führt MARKOWITZ (1952) die so genannten *Iso–Ertrags–Geraden* und *Iso–Varianz–Kurven* in der w_1–w_2–Ebene ein. Aus der gegebenen erwarteten Portfolio–Rendite ($\mu_P = \sum_{i=1}^{3} w_i \mu_i$) erhält man mit $w_3 = 1 - w_1 - w_2$ zunächst die Iso–Ertrags–Gerade:

$$w_1 = \frac{\mu_P - \mu_3}{\mu_1 - \mu_3} - \frac{\mu_2 - \mu_3}{\mu_1 - \mu_3} w_2 \,. \tag{2.32}$$

Diese Gerade beschreibt alle w_1–w_2–Kombinationen und damit auch w_3, die zu demselben gegebenen Erwartungswert μ_P der Portfolio–Rendite führen. Die Varianzen dieser Kombinationen sind jedoch unterschiedlich. In der nachfolgenden Abbildung sind für den angenommenen Fall $\mu_1 < \mu_3 < \mu_2$ einige Iso–Ertrags–Geraden graphisch dargestellt. Soll beispielsweise der erwartete Portfolio–Ertrag maximal ($\mu_P = \mu_2$) werden, dann muss das gesamte Kapital in die Aktie A_2 investiert werden, was nur dem Punkt X entspricht. Die Vorgabe des minimalen Ertrags von $\mu_P = \mu_1$ führt zu einer alleinigen Anlage in Aktie A_1, das heißt Punkt Z. Soll hingegen $\mu_P = \mu_3$ realisiert werden, so gibt es unendlich viele Gewichts–Kombinationen, die zu diesem Ergebnis führen. Entweder kann ausschließlich in die dritte Aktie investiert werden (Punkt V) oder es können die Kombinationen aller drei Gewichte entlang der Ursprungsgeraden mit der positiven Steigung $-(\mu_2 - \mu_3)/(\mu_1 - \mu_3)$ realisiert werden bis hin zum Punkt Y, bei dem sich das Portfolio nur aus den Aktien A_1 und A_2 zusammensetzt. Es kann allgemein festgestellt werden, dass die den Ecken entsprechenden Portfolios aus nur einer Aktie bestehen, Portfolios auf einer der drei Kanten des gegebenen Dreiecks Zwei–Positionen–Portfolios sind, und Portfolios innerhalb des Dreiecks alle drei Anlagealternativen enthalten. Die Iso–Ertrags–Geraden verlaufen alle parallel, wobei der Erwartungswert von „links oben“ nach „rechts unten“ zunimmt.

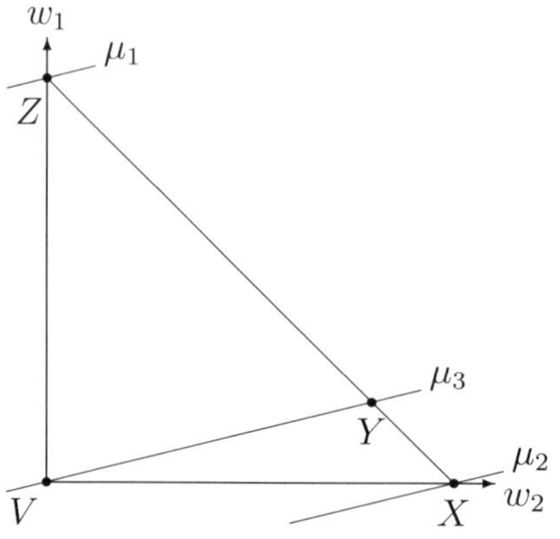

Eine gegebene Portfolio–Varianz σ_P^2 führt im Falle eines in der w_1–w_2–Ebene dargestellten Drei–Positionen–Portfolios zu einer Varianzgleichung in Form einer Ellipse:

$$\sigma_P^2 = \sum_{i=1}^{3} w_i^2 \sigma_i^2 + \sum_{i=1}^{3} \sum_{j=1, i \neq j}^{3} w_i w_j \sigma_{ij} \; . \tag{2.33}$$

Die Vorgabe einer anderen Varianz führt zu einer anderen Ellipse. Diese Iso–Varianz–Ellipsen ergeben sich geometrisch als Projektionen eines dreidimensionalen Varianzellipsoids im σ^2–w_1–w_2–Raum auf die w_1–w_2–Ebene (vgl. nächste Abbildung). Das Zentrum der Ellipsen ist durch den Punkt GMV gegeben. Das ist genau die Gewichts–Kombination, die zu dem Portfolio mit der geringsten Varianz führt. Je weiter man sich von GMV wegbewegt, um so höher wird die Portfolio–Varianz.

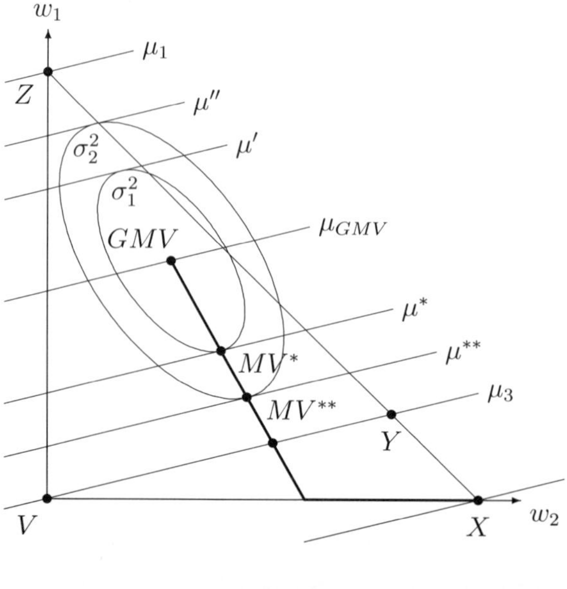

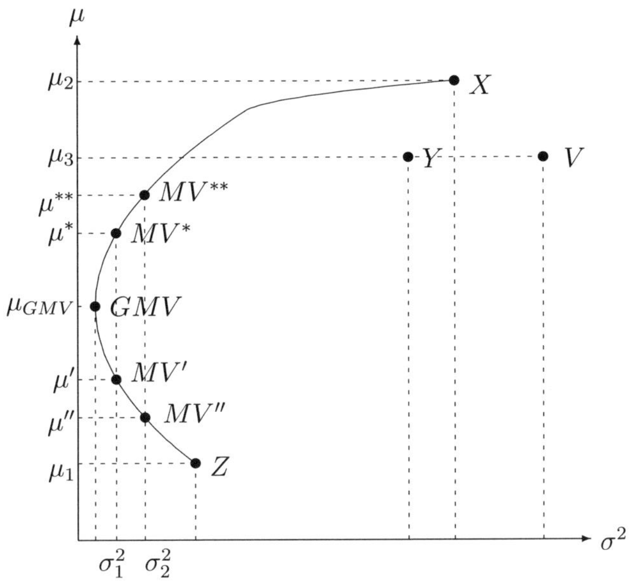

Aus der oberen Abbildung kann nun die Effizienzlinie als oberer Ast der Risiko–Ertrags–Kurve in der unteren Abbildung abgeleitet werden. Zunächst können die Punkte X und Z als die Punkte mit dem maximalen beziehungsweise minimalen μ_P in die μ–σ^2–Ebene übertragen werden. Aus der unteren Abbildung wird deutlich, dass die mit X verbundene Varianz höher ist als bei Z. Das GMV hat eine erwartete Rendite in Höhe von μ_{GMV}, wobei die Varianz aller effizienten Portfolios minimiert wird. Die beiden Portfolios MV^* (MV') und MV^{**} (MV'') sind Minimum–Varianz–Portfolios, die also bei gegebenem μ_P die geringste Varianz aufweisen. Zu den Portfolios MV^* (MV') beziehungsweise MV^{**} (MV'') gehören die Erwartungswerte μ^* (μ') beziehungsweise μ^{**} (μ'') und die Varianzen σ_1^2 beziehungsweise σ_2^2, was in beiden Abbildungen ersichtlich wird. Bei dem Portfolio Y handelt es sich um eine ineffiziente Portfolio–Zusammensetzung, denn bei der mit Y verbundenen Varianz existieren Portfolios mit einer höheren erwarteten Rendite.

Aus den Ausführungen wird deutlich, dass die Übertragung der Bewegung auf dem Streckenzug vom Zentrum GMV über MV^* und MV^{**} bis zum Portfolio X in die μ–σ^2–Ebene die Effizienzlinie liefert.

2.3 Optimierung nach TOBIN

TOBIN (1958) wendete den MARKOWITZ–Ansatz bei der Entwicklung seiner Geldnachfrage–Theorie an. Dabei ergänzte er die klassische Theorie um die Möglichkeit einer risikofreien Kapitalanlage. Ein negatives Gewicht für diese Anlageform würde, analog zu Leerverkäufen bei Aktien, einer Kreditaufnahme entsprechen. Während bei MARKOWITZ das zu einem vorgegebenen μ_P gehörende Portfolio auf der Effizienzlinie optimal ist, empfiehlt TOBIN die Investition in das noch genauer zu spezifizierende *Tangential–Portfolio*. Diese Erkenntnis wurde in der späteren Literatur als *Separationstheorem* bezeichnet, denn die risikofreie Anlage separiert zwischen der Möglichkeit der Geldanlage und der Kreditaufnahme.

Die Aufnahme einer risikofreien Anlage mit dem sicheren Ertrag r_f und dem Gewicht w_f führt zu folgendem Erwartungswert der Portfolio–Rendite:

$$\mu_P := E[R_P] = w_f r_f + \sum_{i=2}^{n} w_i \mu_i = \mathbf{w}'\boldsymbol{\mu}\,, \quad \text{wenn } r_f = \mu_1 \text{ und } w_f = w_1\,. \tag{2.34}$$

Die Portfolio–Varianz bleibt unverändert wie in Gleichung (2.9), da r_f eine sichere Größe ist.

Wenn eine risikofreie mit *einer* risikobehafteten Anlage kombiniert wird, dann degeneriert die Effizienzlinie zu einer Geraden, was analog zur Situation perfekt korrelierter Anlagealternativen ist. Die Portfolio–Varianz in (2.9) reduziert sich mit beispielsweise $\sigma_1^2 = 0$ (und damit $\mu_1 = r_f < \mu_2$ bei unterstellter Risikoaversion) auf:[19]

$$\sigma_P^2 = w_2^2\sigma_2^2 \quad \text{bzw.} \quad \sigma_P = w_2\sigma_2\,. \tag{2.35}$$

Daraus folgt:

$$w_2 = \frac{\sigma_P}{\sigma_2}\,. \tag{2.36}$$

[19] Hier wird vereinfachend von einem Anlage– und Kreditzins in gleicher Höhe ausgegangen.

Mit $\mu_P = w_2(\mu_2 - \mu_1) + \mu_1$ erhält man als Risiko–Ertrags–Kurve:

$$\mu_P = \frac{\mu_2 - \mu_1}{\sigma_2}\sigma_P + \mu_1 \,. \tag{2.37}$$

Bei angenommenem $\mu_1 < \mu_2$ ergibt sich also eine lineare Risiko–Ertrags–Kurve beziehungsweise Effizienzlinie mit positiver Steigung.

Will man nicht *ein* riskantes Asset mit der risikofreien Anlage kombinieren, sondern ein Portfolio mit $(n-1)$ riskanten Positionen, so stellt der Tangentialpunkt T der Geraden (2.37) mit der Effizienzlinie der $(n-1)$ risikobehafteten Anlagealternativen dieses optimale Portfolio dar (vgl. nachfolgende Abbildung). Ist dem Anleger das mit diesem so genannten *Tangential–Portfolio* verbundene Risiko zu hoch, so investiert er nur einen Teil in das Tangential–Portfolio und den Rest seines Vermögens legt er zu r_f an. Wünscht sich der Anleger jedoch eine höhere erwartete Rendite bei höherer Varianz, dann wird er einen Kredit aufnehmen, um mehr als sein Anfangsvermögen in T zu investieren. Die genaue Aufteilung des Vermögens in das Tangential–Portfolio und die risikolose Anlage ergibt sich durch die jeweiligen Nutzenindifferenzkurven[20] des Anlegers. Jeder Investor wird genau den Punkt auf der Effizienzgeraden realisieren, der ihm maximalen Nutzen stiftet. In der folgenden Abbildung wird deutlich, dass es sich hierbei um die Tangentialpunkte des jeweiligen individuellen Nutzenindifferenzkurven–Systems mit der Effizienzgeraden handelt. Sieht das Nutzenindifferenzkurven–System des als risikoavers angenommenen Anlegers so aus, dass der Tangentialpunkt in A gegeben ist, dann würde er mittels Kreditaufnahme mehr als sein Anfangsvermögen in T anlegen. Im Portfolio B würde der Anleger hingegen einen Teil seines Kapitals in die risikofreie Anlageform investieren.

Für den Fall, dass im Optimierungsansatz die Kreditaufnahme ausgeschlossen wird, ist die Effizienzlinie bis zum Punkt T durch die Gerade gegeben, und der weitere Verlauf entspricht der Effizienzkurve der riskanten Anlagen.

[20] Vgl. dazu den Anhang zur Nutzentheorie.

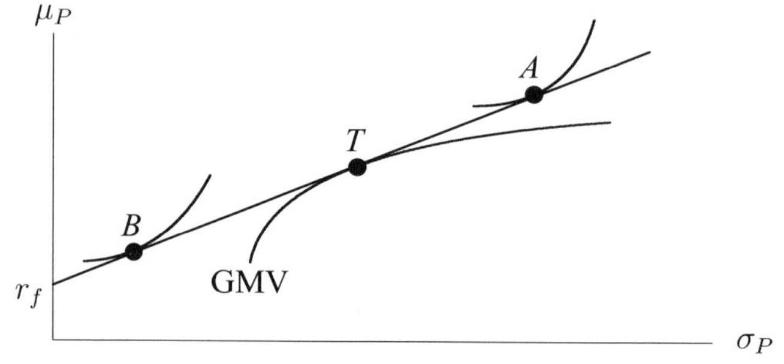

Die analytische Bestimmung des optimalen Portfolios im Sinne TOBINs basiert auf folgender Zielfunktion:

$$\max! \quad Z(\mathbf{w}) = \mathbf{w}'\boldsymbol{\mu} - \frac{\gamma}{2}\mathbf{w}'\boldsymbol{\Sigma}\mathbf{w} = \mu_P - \frac{\gamma}{2}\sigma_P^2 \quad \text{unter} \quad \mathbf{w}'\mathbf{1} = 1\,. \tag{2.38}$$

Der Ursprung dieses Ansatzes wird im Folgenden kurz aufgezeigt, denn es handelt sich hierbei um ein weiteres, neben dem in Abs. 2.1 beschriebenen, Argument für die Annahme normalverteilter Renditen im Zusammenhang mit der Rechtfertigung des μ–σ–Prinzips. Ausgangspunkt ist der exponentielle BERNOULLI–Nutzen der Portfolio–Rendite R_P:

$$U(R_P) = U(\mathbf{w}'\mathbf{r}) = 1 - e^{-\gamma\cdot\mathbf{w}'\mathbf{r}}\,. \tag{2.39}$$

Dabei beschreibt γ das auf ARROW (1970) und PRATT (1964) zurück gehende Maß der lokalen Risikoaversion. Für die nachfolgende Argumentation wird in Übereinstimmung mit der portfoliotheoretischen Literatur γ als konstant angenommen.[21)]

Bei unterstellter gemeinsamer Normalverteilung (mit Erwartungswertvektor $\boldsymbol{\mu}$ und Varianz–Kovarianzmatrix $\boldsymbol{\Sigma}$) für die Renditeströme im Vektor $\mathbf{r} = (R_1, R_2, ..., R_n)$ und der daraus folgenden Normalverteilungsannahme (mit Erwartungswert $\mu_P = \mathbf{w}'\boldsymbol{\mu}$ und Varianz $\sigma_P^2 = \mathbf{w}'\boldsymbol{\Sigma}\mathbf{w}$) für die Portfolio–Rendite ergibt sich folgender Erwartungsnutzen:

[21)] In der Literatur wird üblicherweise $\gamma = 1$ oder $\gamma = 2$ verwendet.

$$
\begin{aligned}
\mathrm{E}(U(R_P)) &= \int_{-\infty}^{\infty} (1 - e^{-\gamma \cdot \mathbf{w}'\mathbf{r}}) \frac{1}{\sqrt{2\pi}\sqrt{\mathbf{w}'\boldsymbol{\Sigma}\mathbf{w}}} \cdot \\
&\quad \cdot \exp\left(-\frac{1}{2}\frac{(\mathbf{w}'\mathbf{r} - \mathbf{w}'\boldsymbol{\mu})^2}{\mathbf{w}'\boldsymbol{\Sigma}\mathbf{w}}\right) d(\mathbf{w}'\mathbf{r}) \\
&= 1 - \int_{-\infty}^{\infty} \frac{1}{\sqrt{2\pi}} \exp\Big(-\gamma\big(\sqrt{\mathbf{w}'\boldsymbol{\Sigma}\mathbf{w}}s + \mathbf{w}'\boldsymbol{\mu}\big) - s^2/2\Big)\, ds \\
&\quad \text{mit} \quad s := \frac{\mathbf{w}'\mathbf{r} - \mathbf{w}'\boldsymbol{\mu}}{\sqrt{\mathbf{w}'\boldsymbol{\Sigma}\mathbf{w}}} \\
&= 1 - \int_{-\infty}^{\infty} \frac{1}{\sqrt{2\pi}} \exp\Bigg(-\frac{1}{2}\Big(s + \gamma\sqrt{\mathbf{w}'\boldsymbol{\Sigma}\mathbf{w}}\Big)^2 - \\
&\quad -\gamma\Big(\mathbf{w}'\boldsymbol{\mu} - \frac{\gamma}{2}\mathbf{w}'\boldsymbol{\Sigma}\mathbf{w}\Big)\Bigg)\, ds \\
&= 1 - \exp\Big(-\gamma\big(\underbrace{\mathbf{w}'\boldsymbol{\mu} - \gamma/2\mathbf{w}'\boldsymbol{\Sigma}\mathbf{w}}_{=\phi(\boldsymbol{\mu},\boldsymbol{\Sigma})}\big)\Big)\,. \qquad (2.40)
\end{aligned}
$$

Die Zielfunktion $Z(\mathbf{w})$ entspricht somit dem Präferenzfunktional $\phi(\boldsymbol{\mu}, \boldsymbol{\Sigma})$. Die Maximierung der Zielfunktion bedeutet also eine Maximierung des Erwartungsnutzens.

Der LAGRANGE–Ansatz zur Lösung des TOBIN–Problems lautet:

$$
\text{max!} \quad L(\mathbf{w}, \lambda) = \mathbf{w}'\boldsymbol{\mu} - \frac{\gamma}{2}\mathbf{w}'\boldsymbol{\Sigma}\mathbf{w} + \lambda(\mathbf{w}'\mathbf{1} - 1)\,. \qquad (2.41)
$$

Wir führen zunächst die Teilmatrix $\widetilde{\boldsymbol{\Sigma}}$ und den Teilvektor $\widetilde{\mathbf{w}}$ ein, indem in $\boldsymbol{\Sigma}$ die erste Zeile und die erste Spalte beziehungsweise im Vektor $\mathbf{w}$ das erste Element gestrichen wird:

$$\mathbf{\Sigma w} = \begin{pmatrix} 0 & 0 \dots 0 \\ 0 & \\ \vdots & \widetilde{\mathbf{\Sigma}} \\ 0 & \end{pmatrix} \begin{pmatrix} w_1 \\ \\ \widetilde{\mathbf{w}} \\ \\ \end{pmatrix} = \begin{pmatrix} 0 \\ \\ \widetilde{\mathbf{\Sigma}}\widetilde{\mathbf{w}} \\ \\ \end{pmatrix}.$$

Analog werden $\widetilde{\boldsymbol{\mu}}$ und $\widetilde{\mathbf{1}}$ jeweils durch Streichung der ersten Komponente erzeugt.

Das **TOBINsche Tangential–Portfolio** als optimale Mischung der riskanten Anlagealternativen wird dann wie folgt bestimmt:

$$\frac{\partial L}{\partial \mathbf{w}} = \boldsymbol{\mu} - \gamma \mathbf{\Sigma w} + \lambda \mathbf{1} = 0$$

$$\Rightarrow \quad \lambda = -\mu_1 \; = \; -r_f \qquad \text{(erste Komponente)}$$

$$\mathbf{0} = \widetilde{\boldsymbol{\mu}} - \gamma \cdot \widetilde{\mathbf{\Sigma}}\widetilde{\mathbf{w}} - r_f \cdot \widetilde{\mathbf{1}} \qquad \text{(Rest)}$$

$$\Rightarrow \quad \widetilde{\mathbf{w}} = \frac{1}{\gamma} \cdot \widetilde{\mathbf{\Sigma}}^{-1}(\widetilde{\boldsymbol{\mu}} - r_f \cdot \widetilde{\mathbf{1}}), \qquad w_1 \; = \; 1 - \widetilde{\mathbf{w}}'\widetilde{\mathbf{1}}. \tag{2.42}$$

Der dazugehörige Zielfunktionswert lautet:

$$Z_{max} = r_f + \frac{1}{2\gamma}(\widetilde{\boldsymbol{\mu}} - r_f \cdot \widetilde{\mathbf{1}})'\widetilde{\mathbf{\Sigma}}(\widetilde{\boldsymbol{\mu}} - r_f \cdot \widetilde{\mathbf{1}}) \, . \tag{2.43}$$

Beispiel:

Das TOBIN–Portfolio aus unseren drei Wertpapieren mit einem risikofreien Zinssatz von $r_f = 0,04$ und einer lokalen Risikoaversion von beispielsweise $\gamma = 2$ lautet:

$$\mathbf{w} = (0,5000; \; 0,2625; \; -0,1125; \; 0,3500)'.$$

Das zweite Wertpapier ist zu $11,25\%$ des eigenen Anlagevermögens leer zu verkaufen. $26,25\%$ werden dann in das erste und 35% in das dritte Wertpapier investiert. 50% werden risikolos angelegt. Damit lässt sich ein Ertrag von

$$Z_{max} = \mu_P = 0,0919$$

bei einer Standardabweichung von $\sigma_P = 0,1611$ erwirtschaften. Der maximale Wert der Zielfunktion lautet:

$$Z_{max} = 0,0659.$$

2.4 Optimierung nach SHARPE

Ausgehend von der Möglichkeit einer risikolosen Kapitalanlage oder Kreditaufnahme im TOBIN–Ansatz machte SHARPE (1966) deutlich, dass ein Portfolio umso höher zu bewerten ist, je größer die Steigung der Effizienzgeraden ist. Portfolios auf einer steileren Geraden weisen bei gleicher Varianz einen höheren Erwartungswert beziehungsweise bei gleichem Erwartungswert eine niedrigere Varianz auf. Die als **SHARPE–Ratio** (SR) bezeichnete Steigung der Effizienzgeraden,

$$SR = \frac{\mu_P - r_f}{\sigma_P}\,, \tag{2.44}$$

ist bis heute ein in Theorie und Praxis weit verbreitetes Maß zur Beurteilung des Anlageerfolgs (Performance) von Portfolios.[22] Der Index P steht dabei für das zu beurteilende optimale Portfolio der riskanten Anlagealternativen, welches je nach Risikoeinstellung des Investors mit der risikolosen Anlage gemischt wird. SHARPE (1966) selbst hat sein Performance–Maß als *reward–to–variability–ratio* bezeichnet, denn es gibt die Überschuss–Rendite (reward) pro Einheit übernommenes Gesamtrisiko (variability) an. Im Falle des Performance–Vergleichs eines Portfolios und einer gewählten Benchmark wird r_f häufig durch die entsprechende Benchmark–Rendite ersetzt.[23] Anders ausgedrückt ist die Benchmark der Oberbegriff, denn es kann sich dabei um ein beliebiges Vergleichs–Portfolio, einen Index oder eben die risikolose Anlage handeln.

22) Die Frankfurter Allgemeine Zeitung (FAZ) veröffentlicht beispielsweise regelmäßig SHARPE–Ratios ausgewählter Fonds.

23) Vgl. Abs. 3.3 des vorliegenden Buches.

Aus portfoliotheoretischer Sicht liegt es nun nahe, genau jenes Portfolio als optimal anzusehen, welches das maximale SHARPE–Ratio aufweist. Die Zielfunktion bei diesem SHARPE–Ansatz lautet:

$$\max! \quad Z(\mathbf{w}) = \frac{\mathbf{w}'(\boldsymbol{\mu} - r_f\mathbf{1})}{\sqrt{\mathbf{w}'\boldsymbol{\Sigma}\mathbf{w}}} \qquad \text{unter} \quad \mathbf{w}'\mathbf{1} = 1\,. \tag{2.45}$$

Der LAGRANGE–Ansatz lässt sich folgendermaßen aufstellen:

$$\max! \quad L(\mathbf{w}, \lambda) = \frac{\mathbf{w}'(\boldsymbol{\mu} - r_f\mathbf{1})}{\sqrt{\mathbf{w}'\boldsymbol{\Sigma}\mathbf{w}}} + \lambda(\mathbf{w}'\mathbf{1} - 1). \tag{2.46}$$

Mit der Abkürzung $x := x(\mathbf{w}) := \sqrt{\mathbf{w}'\boldsymbol{\Sigma}\mathbf{w}}$ wird die partielle Ableitung der LAGRANGE–Funktion nach dem Vektor $\mathbf{w}$ gleich null gesetzt:

$$\begin{aligned} \frac{\partial L}{\partial \mathbf{w}} = \frac{(\boldsymbol{\mu} - r_f\mathbf{1}) \cdot x - \mathbf{w}'(\boldsymbol{\mu} - r_f\mathbf{1}) \cdot \boldsymbol{\Sigma}\mathbf{w}/x}{x^2} + \lambda\mathbf{1} &= \mathbf{0} \\ \Longleftrightarrow \quad (\boldsymbol{\mu} - r_f\mathbf{1}) \cdot x^2 - \mathbf{w}'(\boldsymbol{\mu} - r_f\mathbf{1}) \cdot \boldsymbol{\Sigma}\mathbf{w} + \lambda x^3\mathbf{1} &= \mathbf{0}. \end{aligned} \tag{2.47}$$

Durch Linksmultiplikation dieser Gleichung mit $\mathbf{w}'$ und unter Anwendung der Budgetrestriktion wird daraus:

$$\mathbf{w}'(\boldsymbol{\mu} - r_f\mathbf{1}) \cdot x^2 - \mathbf{w}'(\boldsymbol{\mu} - r_f\mathbf{1}) \cdot x^2 + \lambda x^3 = 0.$$

Daraus folgt $\lambda = 0$, und (2.47) wird zu

$$(\boldsymbol{\mu} - r_f\mathbf{1}) \cdot x^2 - \mathbf{w}'(\boldsymbol{\mu} - r_f\mathbf{1}) \cdot \boldsymbol{\Sigma}\mathbf{w} = \mathbf{0}.$$

Die Linksmultiplikation mit $\mathbf{1}'\boldsymbol{\Sigma}^{-1}$ liefert:

$$\mathbf{1}'\boldsymbol{\Sigma}^{-1}(\boldsymbol{\mu} - r_f\mathbf{1}) \cdot x^2 - \mathbf{w}'(\boldsymbol{\mu} - r_f\mathbf{1}) = 0$$

$$\iff \quad x^2 = \mathbf{w}'\boldsymbol{\Sigma}\mathbf{w} = \mathbf{w}' \cdot \frac{\boldsymbol{\mu} - r_f\mathbf{1}}{\mathbf{1}'\boldsymbol{\Sigma}(\boldsymbol{\mu} - r_f\mathbf{1})}.$$

Diese Gleichung ist offenbar erfüllt, wenn die rechten Faktoren identisch sind:

$$\boldsymbol{\Sigma}\mathbf{w} = \frac{\boldsymbol{\mu} - r_f\mathbf{1}}{\mathbf{1}'\boldsymbol{\Sigma}^{-1}(\boldsymbol{\mu} - r_f\mathbf{1})}$$

$$\mathbf{w} = \frac{\boldsymbol{\Sigma}^{-1}(\boldsymbol{\mu} - r_f\mathbf{1})}{\mathbf{1}'\boldsymbol{\Sigma}^{-1}(\boldsymbol{\mu} - r_f\mathbf{1})}. \tag{2.48}$$

(2.48) liefert also das optimale SHARPE–Portfolio. Das maximale SHARPE–Ratio ergibt sich aus diesen Gewichten wie folgt:

$$Z_{max} = \sqrt{(\boldsymbol{\mu} - r_f\mathbf{1})'\boldsymbol{\Sigma}^{-1}(\boldsymbol{\mu} - r_f\mathbf{1})}. \tag{2.49}$$

Beispiel:

Das SHARPE–Portfolio aus unseren drei Wertpapieren mit einem risikofreien Zinssatz von beispielsweise $r_f = 0,04$ lautet:

$$\mathbf{w} = (0,5250;\ -0,2250;\ 0,7000)'.$$

Das zweite Wertpapier ist also zu $22,5\%$ des eigenen Anlagevermögens leer zu verkaufen. $52,5\%$ werden dann in das erste und 70% in das dritte Wertpapier investiert. Damit lässt sich ein Ertrag von

$$\mu_P = 0,1438$$

bei einer Standardabweichung von $\sigma_P = 0,3221$ erwirtschaften. Der maximale Wert des SHARPE–Ratios entspricht exakt dieser Standardabweichung.

In der folgenden Abbildung werden noch einmal die bisher in den Beispielen berechneten Portfolios in der μ–σ–Ebene dargestellt, nämlich das varianzminimale Portfolio mit Mindestertrag von 25% ($\mathbf{M}_1$), das GMV–Portfolio, das ertragsmaximale Portfolio mit maximaler Varianz von 50% ($\mathbf{M}_2$), das TOBIN–Portfolio mit einem risikolosen Zinssatz von

4% und einer lokalen Risikoaversion von $\gamma = 2$ (T) sowie das SHARPE–Portfolio zum risikofreien Zinssatz von 4% (S). Zusätzlich ist noch einmal die Kurve der effizienten Portfolios — mit Leerverkaufsrestriktion! — eingezeichnet:

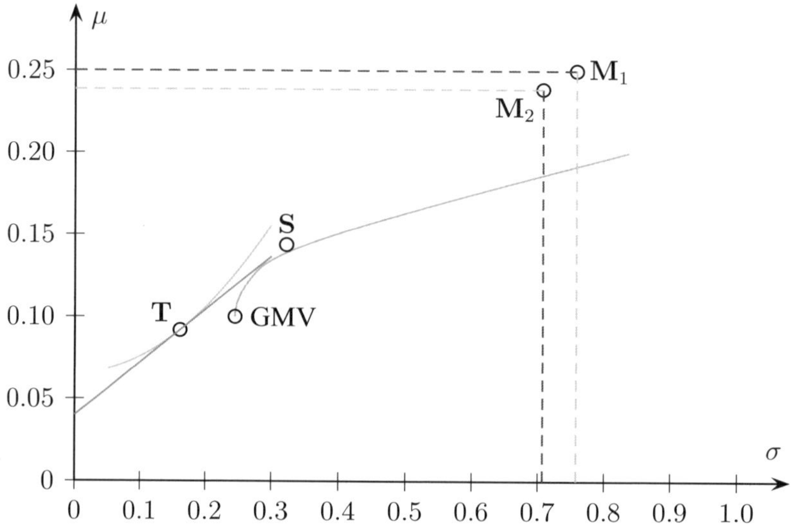

2.5 Verfahren mit Leerverkaufsrestriktion

In diesem Abschnitt sollen einige Verfahren zur Portfolio–Optimierung unter Beachtung von Leerverkaufsrestriktionen vorgestellt werden.

2.5.1 KARUSH–KUHN–TUCKER–Bedingungen

Eine quadratische und konvexe Funktion kann — bis auf eine für die Optimierung irrelevante additive Konstante — stets in der Form[24)]

$$Z(\mathbf{w}) = \frac{1}{2} \cdot \mathbf{w}'\mathbf{\Sigma}\mathbf{w} - \boldsymbol{\mu}'\mathbf{w} \tag{2.50}$$

geschrieben werden, wobei $\mathbf{\Sigma}$ eine symmetrische, positiv semidefinite Matrix ist. Die Symmetrie von $\mathbf{\Sigma}$ ergibt sich, da für jede quadratische Matrix $\tilde{\mathbf{\Sigma}}$ offenbar gilt:

24) Diese Darstellung ist abgestimmt auf den portfoliotheoretischen Kontext.

$$\mathbf{w}'\tilde{\mathbf{\Sigma}}\mathbf{w} = \frac{1}{2} \cdot \mathbf{w}'\tilde{\mathbf{\Sigma}}\mathbf{w} + \frac{1}{2} \cdot (\mathbf{w}'\tilde{\mathbf{\Sigma}}\mathbf{w})' = \frac{1}{2} \cdot \mathbf{w}'\underbrace{(\tilde{\mathbf{\Sigma}} + \tilde{\mathbf{\Sigma}}')}_{=:\,\mathbf{\Sigma}}\mathbf{w}\ . \tag{2.51}$$

Da die Konvexität von $Z(\mathbf{w})$ vorausgesetzt wurde und da $\mathbf{\Sigma}$ offenbar die Hesse–Matrix von $Z(\mathbf{w})$ ist, folgt die positive Semidefinitheit. Bei strenger Konvexität folgt entsprechend die positive Definitheit von $\mathbf{\Sigma}$. Das hier untersuchte quadratisch–konvexe Optimierungsproblem lautet nun:

$$\begin{aligned} \text{min!} \quad & Z(\mathbf{w}) = \frac{1}{2} \cdot \mathbf{w}'\mathbf{\Sigma}\mathbf{w} - \boldsymbol{\mu}'\mathbf{w} \\ \text{mit} \quad & \mathbf{A}\mathbf{w} = \mathbf{b}, \quad w_i \geq 0, \quad \mathbf{\Sigma} \text{ positiv semidefinit}\ . \end{aligned} \tag{2.52}$$

Hierbei ist $\mathbf{A}$ eine $(m \times n)$–Matrix von vollem (Zeilen–)Rang m und mit $m < n$. Falls der zulässige Bereich nicht leer ist, ist das Optimierungsproblem stets dann lösbar, wenn $\mathbf{\Sigma}$ positiv definit ist oder aber wenn $\boldsymbol{\mu} = \mathbf{0}$ ist.[25] Die LAGRANGE–Funktion zu diesem Optimierungsproblem lautet:

$$L(\mathbf{w}, \boldsymbol{\lambda}_1, \boldsymbol{\lambda}_2) = \frac{1}{2} \cdot \mathbf{w}'\mathbf{\Sigma}\mathbf{w} - \boldsymbol{\mu}'\mathbf{w} + \boldsymbol{\lambda}_1'(\mathbf{A}\mathbf{w} - \mathbf{b}) + \boldsymbol{\lambda}_2'(-\mathbf{A}\mathbf{w} + \mathbf{b})\ . \tag{2.53}$$

Daraus ergeben sich die **KARUSH–KUHN–TUCKER–Bedingungen**

$$\mathbf{\Sigma}\mathbf{w} - \boldsymbol{\mu} + \mathbf{A}'\boldsymbol{\lambda}_1 - \mathbf{A}'\boldsymbol{\lambda}_2 \geq \mathbf{0} \tag{2.54 a}$$

$$\boldsymbol{\lambda}_1'(\mathbf{A}\mathbf{w} - \mathbf{b}) + \boldsymbol{\lambda}_2'(-\mathbf{A}\mathbf{w} + \mathbf{b}) = 0 \tag{2.54 b}$$

$$\mathbf{w}'(\mathbf{\Sigma}\mathbf{w} - \boldsymbol{\mu} + \mathbf{A}'\boldsymbol{\lambda}_1 - \mathbf{A}'\boldsymbol{\lambda}_2) = 0 \tag{2.54 c}$$

$$\mathbf{A}\mathbf{w} = \mathbf{b} \tag{2.54 d}$$

$$w_i \geq 0 \tag{2.54 e}$$

$$\boldsymbol{\lambda}_1, \boldsymbol{\lambda}_2 \geq \mathbf{0} \tag{2.54 f}$$

[25] Vgl. zum Beispiel NEUMANN/MORLOCK (2002).

für die optimale Lösung $\mathbf{w}$ und die zugehörigen (vektoriellen) Lagrange–Multiplikatoren $\boldsymbol{\lambda}_1,\ \boldsymbol{\lambda}_2$. Mit den Bezeichnungen $\boldsymbol{\lambda} := \boldsymbol{\lambda}_1 - \boldsymbol{\lambda}_2$ und $\mathbf{v} := \boldsymbol{\Sigma}\mathbf{w} - \boldsymbol{\mu} + \mathbf{A}'\boldsymbol{\lambda}$ ist $\mathbf{w}$ daher genau dann eine optimale Lösung des quadratisch–konvexen Optimierungsproblems, wenn es $\boldsymbol{\lambda}$ und $\mathbf{v}$ gibt mit

$$\boldsymbol{\Sigma}\mathbf{w} + \mathbf{A}'\boldsymbol{\lambda} - \mathbf{v} = \boldsymbol{\mu} \tag{2.55 a}$$

$$\mathbf{v}'\mathbf{w} = 0 \tag{2.55 b}$$

$$\mathbf{A}\mathbf{w} = \mathbf{b} \tag{2.55 c}$$

$$\mathbf{w}, \mathbf{v} \text{ elementweise nichtnegativ} \,. \tag{2.55 d}$$

Beispiel:

Mittels dieser KARUSH–KUHN–TUCKER–Bedingungen wollen wir nun das Portfolio $\mathbf{T}$ des TOBIN–Ansatzes (mit einer lokalen Risikoaversion von $\gamma = 1$) unter Leerverkaufsrestriktionen bestimmen:

$$\text{min!} \quad Z(\mathbf{w}) = \frac{1}{2} \cdot \mathbf{w}'\boldsymbol{\Sigma}\mathbf{w} - \boldsymbol{\mu}'\mathbf{w}$$

$$\text{mit} \quad \mathbf{w}'\mathbf{1} = 1, \qquad w_i \geq 0.$$

Die KARUSH–KUHN–TUCKER–Bedingungen lauten damit:

$$0,6w_1 - 0,2w_2 - 0,5w_3 + \lambda - v_1 = 0,05 \tag{1}$$

$$-0,2w_1 + 0,2w_2 + 0,3w_3 + \lambda - v_2 = 0,1 \tag{2}$$

$$-0,5w_1 + 0,3w_2 + 0,7w_3 + \lambda - v_3 = 0,2 \tag{3}$$

$$v_1w_1 + v_2w_2 + v_3w_3 = 0 \tag{4}$$

$$w_1 + w_2 + w_3 = 1 \tag{5}$$

$$\mathbf{w}, \mathbf{v} \geq \mathbf{0} \tag{6}$$

Man betrachtet nun sukzessive verschiedene „Fälle“ und versucht sie zu verifizieren oder zu falsifizieren.

Fall 1: $w_1 = w_2 = 0$:

(5) $\Rightarrow w_3 = 1$; (4) $\Rightarrow v_3 = 0$; (3) $\Rightarrow \lambda = -0,5$; (1) $\Rightarrow v_1 = -1,05$

im Widerspruch zu (6)

Fall 2: $w_2 = 0;\ w_1, w_3 > 0$:

(4) $\Rightarrow v_1 = v_3 = 0$; (5) $\Rightarrow w_3 = 1 - w_1$; (1) $\Rightarrow \lambda = 0,55 - 1,1w_1$; (3) $\Rightarrow w_1 = 0,4565$; $\Rightarrow w_3 = 0,5435$; $\lambda = 0,0478$; (2) $\Rightarrow v_2 = 0,0196$.

Diese Werte erfüllen alle KARUSH–KUHN–TUCKER–Bedingungen und stellen daher eine Lösung des Problems dar. Wenn man nur an „irgendeiner" Lösung — von möglicherweise mehreren Lösungen — interessiert ist, dann kann man jetzt aufhören. Hätte auch dieser Fall zu einem Widerspruch geführt, dann hätte man entsprechend weitere Fälle bezüglich des Verschwindens einzelner Gewichte untersuchen müssen, zum Beispiel $w_1 = 0;\ w_2, w_3 > 0$.

Das Portfolio, das die oben angegebene Zielfunktion unter Beachtung von Leerverkaufsrestriktionen optimiert, lautet also:

$$\mathbf{T}: \quad (w_1, w_2, w_3)' = (0,4565;\ 0;\ 0,5435)'.$$

Die erwartete Rendite und die Standardabweichung betragen:

$$\mu_P = 0,1315; \qquad \sigma_P = 0,2893.$$

Da eine Überprüfung der KARUSH–KUHN–TUCKER–Bedingungen bereits bei geringfügig größerer Anzahl von Wertpapieren sehr mühsam werden kann, soll im folgenden Abschnitt ein alternatives Verfahren vorgestellt werden.

2.5.2 WOLFE–Algorithmus

Der Algorithmus von WOLFE (1959) gestattet die Berechnung einer Lösung des quadratisch–konvexen Optimierungsproblems in endlich vielen Schritten. Dazu sei die positive Definitheit von $\mathbf{\Sigma}$ vorausgesetzt. Zunächst ist eine Ecke des durch $\mathbf{Aw} = \mathbf{b}$ und $w_i \geq 0$ gegebenen Polyeders zu finden. Dies kann beispielsweise durch die Suchphase des Simplex–Algorithmus der Linearen Optimierung geschehen, wobei die Zielfunktion natürlich noch keine Rolle spielt. Dann ist mit dieser Ausgangslösung $\overline{\mathbf{w}}$ und mit $\mathbf{p} := \boldsymbol{\Sigma}\overline{\mathbf{w}} - \boldsymbol{\mu}$ das Optimierungsproblem

$$\text{min! Hilfsvariable } \xi \quad \text{unter den Nebenbedingungen} \tag{2.56 a}$$

$$\mathbf{A}\mathbf{w} = \mathbf{b} \tag{2.56 b}$$

$$\boldsymbol{\Sigma}\mathbf{w} + \mathbf{A}'\boldsymbol{\lambda} - \mathbf{v} - \mathbf{p}\xi = \boldsymbol{\mu} \tag{2.56 c}$$

$$\mathbf{v}'\mathbf{w} = 0 \tag{2.56 d}$$

$$\mathbf{w}, \mathbf{v} \text{ elementweise nichtnegativ} \tag{2.56 e}$$

$$\xi \geq 0 \tag{2.56 f}$$

zu lösen. Wenn die nichtlineare Bedingung $\mathbf{v}'\mathbf{w} = 0$ dadurch garantiert wird, dass für jedes $j = 1, \ldots, n$ immer nur v_j oder w_j in der Basis ist, aber niemals beide gleichzeitig, dann kann dieses Problem mittels Simplex–Algorithmus gelöst werden. Die Lösung führt zu dem Minimalwert $\xi = 0$.[26] Mit den Zusammenfassungen

$$\mathbf{x}' = (\mathbf{w}', \mathbf{v}', \boldsymbol{\lambda}', \xi)$$

$$\mathbf{c}' = (0, \ldots, 0, 1)$$

$$\tilde{\mathbf{A}} = \begin{pmatrix} \mathbf{A}_{m\times n} & \mathbf{0}_{m\times n} & \mathbf{0}_{m\times m} & \mathbf{0}_{m\times 1} \\ \boldsymbol{\Sigma}_{n\times n} & -\mathbf{I}_{n\times n} & \mathbf{A}'_{n\times m} & -\mathbf{p}_{n\times 1} \end{pmatrix}$$

$$\tilde{\mathbf{b}} = \begin{pmatrix} \mathbf{b}_{m\times 1} \\ \boldsymbol{\mu}_{n\times 1} \end{pmatrix}$$

erkennt man, dass es sich bei (2.56) — mit Ausnahme der nichtlinearen Bedingung $\mathbf{v}'\mathbf{w} = 0$ — um ein lineares Optimierungsproblem handelt:

$$\text{min! } \mathbf{c}'\mathbf{x} \quad \text{unter} \tag{2.57}$$

$$\tilde{\mathbf{A}}\mathbf{x} = \tilde{\mathbf{b}} \tag{2.58}$$

und den Nichtnegativitätsbedingungen für $\mathbf{w}$, $\mathbf{v}$ und ξ.

---

26) Vgl. COLLATZ/WETTERLING (1971).

Beispiel:

Betrachten wir noch einmal das Problem, das wir mit den KARUSH–KUHN–TUCKER–Bedingungen gelöst haben. Das „Quasi“–LP–Problem lautet dann:

$$\text{min! } \quad \mathbf{c}'\mathbf{x} \quad \text{unter}$$

$$\begin{pmatrix} 1 & 1 & 1 & 0 & 0 & 0 & 0 & 0 \\ 0,6 & -0,2 & -0,5 & -1 & 0 & 0 & 1 & -p_1 \\ -0,2 & 0,2 & 0,3 & 0 & -1 & 0 & 1 & -p_2 \\ -0,5 & 0,3 & 0,7 & 0 & 0 & -1 & 1 & -p_3 \end{pmatrix} \begin{pmatrix} w_1 \\ w_2 \\ w_3 \\ v_1 \\ v_2 \\ v_3 \\ \lambda \\ \xi \end{pmatrix} = \begin{pmatrix} 1 \\ 0,05 \\ 0,1 \\ 0,2 \end{pmatrix}$$

sowie unter der nichtlinearen Bedingung $\mathbf{v}'\mathbf{w} = 0$.

Eine zulässige Ecke $\overline{\mathbf{w}}$ des Polyeders

$$\mathbf{A}\mathbf{w} = w_1 + w_2 + w_3 = 1$$

lautet beispielsweise:

$$\overline{\mathbf{w}} = (1;\ 0;\ 0)'.$$

Damit ergibt sich:

$$\mathbf{p} = \boldsymbol{\Sigma}\overline{\mathbf{w}} - \boldsymbol{\mu} = (11/20,\ -3/10,\ -7/10)'.$$

Die folgenden Tableaus zeigen den Ablauf des WOLFE–Algorithmus, also des Simplex–Algorithmus der linearen Optimierung mit der Einschränkung, dass für dasselbe i niemals w_i und v_i gleichzeitig in der Basis sein dürfen. Beachten Sie ferner, dass die Zielfunktion mit -1 multipliziert worden ist, da der Simplex–Algorithmus seine Zielfunktion maximiert. Die y_i sind die Schlupfvariablen.

Tab. 0		w_1	w_2	w_3	v_1	v_2	v_3	λ	ξ
$-\mathbf{c}'\mathbf{x}$	0	0	0	0	0	0	0	0	1
y_1	1	1	1	1	0	0	0	0	0
y_2	$-1/20$	$-3/5$	$1/5$	$1/2$	1	0	0	-1	$11/20$
y_3	$-1/10$	$1/5$	$-1/5$	$-3/10$	0	1	0	-1	$-3/10$
y_4	$-1/5$	$1/2$	$-3/10$	$-7/10$	0	0	1	-1	$-7/10$

Tab. 1		y_1	w_2	w_3	v_1	v_2	v_3	λ	ξ
$-\mathbf{c}'\mathbf{x}$	0	0	0	0	0	0	0	0	1
w_1	1	1	1	1	0	0	0	0	0
y_2	$11/20$	$3/5$	$4/5$	$11/10$	1	0	0	-1	$11/20$
y_3	$-3/10$	$-1/5$	$-2/5$	$-1/2$	0	1	0	-1	$-3/10$
y_4	$-7/10$	$-1/2$	$-4/5$	$-6/5$	0	0	1	-1	$-7/10$

Tab. 2		y_1	w_2	w_3	v_1	v_2	v_3	y_2	ξ
$-\mathbf{c}'\mathbf{x}$	0	0	0	0	0	0	0	0	1
w_1	1	1	1	1	0	0	0	0	0
λ	$-11/20$	$-3/5$	$-4/5$	$-11/10$	-1	0	0	-1	$-11/20$
y_3	$-17/20$	$-4/5$	$-6/5$	$-8/5$	-1	1	0	-1	$-17/20$
y_4	$-5/4$	$-11/10$	$-8/5$	$-23/10$	-1	0	1	-1	$-5/4$

Tab. 3		y_1	y_3	w_3	v_1	v_2	v_3	y_2	ξ
$-\mathbf{c}'\mathbf{x}$	0	0	0	0	0	0	0	0	1
w_1	$7/24$	$1/3$	$5/6$	$-1/3$	$-5/6$	$5/6$	0	$-5/6$	$-17/24$
λ	$1/60$	$-1/15$	$-2/3$	$-1/30$	$-1/3$	$-2/3$	0	$-1/3$	$1/60$
w_2	$17/24$	$2/3$	$-5/6$	$4/3$	$5/6$	$-5/6$	0	$5/6$	$17/24$
y_4	$-7/60$	$-1/30$	$-4/3$	$-1/6$	$1/3$	$-4/3$	1	$1/3$	$-7/60$

Tab. 4		y_1	y_3	y_4	v_1	v_2	v_3	y_2	ξ
$-\mathbf{c}'\mathbf{x}$	0	0	0	0	0	0	0	0	1
w_1	$21/40$	$2/5$	$7/2$	-2	$-3/2$	$7/2$	-2	$-3/2$	$-19/40$
λ	$1/25$	$-3/50$	$-2/5$	$-1/5$	$-2/5$	$-2/5$	$-1/5$	$-2/5$	$1/25$
w_2	$-9/40$	$2/5$	$-23/2$	8	$7/2$	$-23/2$	8	$7/2$	$-9/40$
w_3	$7/10$	$1/5$	8	-6	-2	8	-6	-2	$7/10$

Tab. 5		y_1	y_3	y_4	v_1	v_2	v_3	y_2	w_2
$-\mathbf{c}'\mathbf{x}$	-1	$16/9$	$-460/9$	$320/9$	$140/9$	$-460/9$	$320/9$	$140/0$	$40/9$
w_1	1	$-4/9$	$250/9$	$-170/9$	$-80/9$	$250/9$	$-170/9$	$-80/9$	$-19/9$
λ	0	$1/90$	$-22/9$	$11/9$	$2/9$	$-22/9$	$11/9$	$2/9$	$8/45$
ξ	1	$-16/9$	$460/9$	$-320/9$	$-140/9$	$460/9$	$-320/9$	$-140/9$	$-40/9$
w_3	0	$13/9$	$-250/9$	$170/9$	$80/9$	$-250/9$	$170/9$	$80/9$	$28/9$

Tab. 6		y_1	y_3	y_4	v_1	ξ	v_3	y_2	w_2
$-\mathbf{c}'\mathbf{x}$	0	0	0	0	0	1	0	0	0
w_1	$21/46$	$12/23$	0	$10/23$	$-10/23$	$-25/46$	$10/23$	$-10/23$	$7/23$
λ	$11/230$	$-17/230$	0	$-11/23$	$-12/23$	$11/230$	$-11/23$	$-12/23$	$-4/115$
v_2	$9/460$	$-4/115$	1	$-16/23$	$-7/23$	$9/460$	$-16/23$	$-7/23$	$-2/23$
w_3	$25/46$	$11/23$	0	$-10/23$	$10/23$	$25/46$	$-10/23$	$10/23$	$16/23$

Das optimale Portfolio kann nun dem letzten Tableau entnommen werden:

$$\mathbf{T}: \quad (w_1, w_2, w_3)' = (21/46, 0, 25/46)'.$$

Es entspricht natürlich dem Portfolio aus dem vorigen Abschnitt. Der minimale Wert der ursprünglichen Zielfunktion lautet:

$$Z(\mathbf{w}) = \frac{1}{2} \cdot \mathbf{w}'\mathbf{\Sigma}\mathbf{w} - \boldsymbol{\mu}'\mathbf{w} = -0,0897.$$

Beispiel:

Mit dem WOLFE–Algorithmus können wir auch das varianzminimale Portfolio bei gegebenem Ertrag, z.B. $\mu_P = 0,17$, mit Leerverkaufsrestriktion bestimmen. Das Modell für unser bekanntes Beispiel lautet dann:

$$\text{min!} \quad \mathbf{c}'\mathbf{x} \quad \text{unter}$$

$$\begin{pmatrix} 1 & 1 & 1 & 0 & 0 & 0 & 0 & 0 & 0 \\ 0,05 & 0,1 & 0,2 & 0 & 0 & 0 & 0 & 0 & 0 \\ 0,6 & -0,2 & -0,5 & -1 & 0 & 0 & 1 & 0,05 & -p_1 \\ -0,2 & 0,2 & 0,3 & 0 & -1 & 0 & 1 & 0,1 & -p_2 \\ -0,5 & 0,3 & 0,7 & 0 & 0 & -1 & 1 & 0,2 & -p_3 \end{pmatrix} \begin{pmatrix} w_1 \\ w_2 \\ w_3 \\ v_1 \\ v_2 \\ v_3 \\ \lambda_1 \\ \lambda_2 \\ \xi \end{pmatrix} = \begin{pmatrix} 1 \\ 0,17 \\ 0,05 \\ 0,1 \\ 0,2 \end{pmatrix}$$

sowie unter der nichtlinearen Bedingung $\mathbf{v}'\mathbf{w} = 0$.

Eine zulässige Ecke $\overline{\mathbf{w}}$ des Polyeders

$$\mathbf{A}\mathbf{w} = \begin{pmatrix} 1 & 1 & 1 \\ 0,05 & 0,1 & 0,2 \end{pmatrix} \begin{pmatrix} w_1 \\ w_2 \\ w_3 \end{pmatrix} = \begin{pmatrix} 1 \\ 0,17 \end{pmatrix}$$

lautet beispielsweise:

$$\overline{\mathbf{w}} = (0;\ 0,3;\ 0,7)'.$$

Damit ergibt sich:

$$\mathbf{p} = \mathbf{\Sigma}\overline{\mathbf{w}} - \boldsymbol{\mu} = (-0,82;\ 0,54;\ 1,16)'.$$

Die Simplex–Tableaus sollen hier nicht mehr angegeben werden. Das optimale Tableau liefert dann das gesuchte Portfolio:

$$\mathbf{M}_1: \quad (w_1, w_2, w_3)' = (0,2;\ 0;\ 0,8)'.$$

Die minimale Varianz lautet:

$$Z(\mathbf{w}) = \mathbf{w}'\mathbf{\Sigma}\mathbf{w} = 0,3120.$$

Die Standardabweichung ergibt sich daher mit $\sigma_P = 0,5586$.

2.5.3 Methode der Schnittebenen

Wenn die Nebenbedingungen nicht alle linear sind, dann kann keines der bisher beschriebenen Verfahren verwendet werden. Für den zweiten MARKOWITZ–Ansatz, also die Berechnung des ertragsstärksten Portfolios bei gegebenem Risiko und mit Leerverkaufsrestriktion, benötigen wir daher ein neues Verfahren. Hier soll zu diesem Zweck die *Methode der Schnittebenen* (engl.: *Cutting–Plane Method*) vorgestellt werden.[27] Sie kann bei konvexen Optimierungsproblemen mit linearer Zielfunktion angewendet werden:

$$\begin{aligned} Z(\mathbf{w}) = \mathbf{c}'\mathbf{w} &\quad \text{min!} \\ f_j(\mathbf{w}) \leq 0, &\quad j = 1, \ldots, m \\ f_j(\mathbf{w}) &\text{ konvex in } \mathbb{R}^n \end{aligned}$$

Die restriktiv erscheinende Annahme einer linearen Zielfunktion stellt keine Einschränkung gegenüber dem allgemeinen konvexen Optimierungsproblem dar. Denn wenn das Portfolio–Modell eine nichtlineare Zielfunktion $\widetilde{Z}(w_1, \ldots, w_n)$ besitzt, dann nehme man eine wei-

[27] Eine etwas ausführlichere Darstellung findet sich z.B. bei GOHOUT (2009).

tere Variable w_{n+1} hinzu und betrachte das folgende äquivalente Ersatzproblem:

$$\begin{aligned}
Z(w_1,\ldots,w_n,w_{n+1}) &:= w_{n+1} \qquad \text{min!}\\
f_j(w_1,\ldots,w_n,w_{n+1}) &\le 0, \qquad j=1,\ldots,m\\
\widetilde{Z}(w_1,\ldots,w_n) - w_{n+1} &\le 0\\
f_j(w_1,\ldots,w_n,w_{n+1}) &\text{ konvex in } \mathbb{R}^{n+1}.
\end{aligned}$$

Durch die Minimierung von w_{n+1} unter Berücksichtigung von $\widetilde{Z}(w_1,\ldots,w_n) \le w_{n+1}$ wird automatisch auch die ursprüngliche Zielfunktion $\widetilde{Z}(w_1,\ldots,w_n)$ minimiert.

Für die Methode der Schnittebenen benötigt man zunächst eine Obermenge des zulässigen Bereichs in der Gestalt eines beschränkten konvexen Polyeders P_0. In P_0 müssen die $f_j(\mathbf{w})$ konvex und differenzierbar sein und die Beträge ihrer Gradienten beschränkt, was in den meisten Anwendungsfällen kein Problem darstellt.

Es werden nun iterativ für $k = 0, 1, 2, \ldots$ die folgenden drei Schritte durchgeführt:

1. Berechnung einer Lösung $\mathbf{w}^k$ des linearen Optimierungsproblems

$$\min_{\mathbf{w}\in P_k} Z(\mathbf{w}) = \mathbf{c}'\mathbf{w}$$

   mit dem Simplex–Algorithmus der linearen Optimierung.

2. Bestimmung einer Ecke des Polyeders P_k wie folgt:

$$\text{Wähle } \ell \text{ so, dass } f_\ell(\mathbf{w}^k) = \max_{j=1,\ldots,m} f_j(\mathbf{w}^k).$$

3. Verkleinerung des Polyeders P_k durch Abtrennung eines geeigneten Teiles mit dieser „schlechten" Ecke:

$$P_{k+1} = P_k \cap \{\mathbf{w} \mid f_\ell(\mathbf{w}^k) + (\mathbf{w}-\mathbf{w}^k)'\nabla f_\ell(\mathbf{w}^k) \le 0\}$$

   Durch diesen Durchschnitt entsteht ein kleineres konvexes Polyeder.

Falls eines der so konstruierten Polyeder die leere Menge ist, so hat das Optimierungsproblem keine Lösung. Ansonsten erhält man durch das iterative Verfahren eine Folge von Punkten beziehungsweise Portfolios $\mathbf{w}^k$. Sollte eines dieser Portfolios den Nebenbedingungen genügen, so ist es optimal. Anderenfalls konvergiert die Folge der Portfolios gegen das optimale Portfolio.

Beispiel:

Das ertragsmaximale Portfolio aus unseren drei Wertpapieren bei maximaler Portfolio–Varianz $\sigma_0^2 = 0,5$ hatte zu Leerverkäufen geführt. Wenn diese unzulässig sind, dann lautet das Modell:

$$\max! \quad Z(\mathbf{w}) = \mathbf{w}'\boldsymbol{\mu} = 0,05w_1 + 0,1w_2 + 0,2w_3 \qquad \text{unter}$$

$$\mathbf{w}'\boldsymbol{\Sigma}\mathbf{w} \leq 0,5 \quad \text{und} \quad \mathbf{w}'\mathbf{1} = 1 \text{ sowie } w_i \geq 0.$$

Wenn wir dieses Modell in die Gestalt unseres Verfahrens transformieren, lautet es:

$$\begin{aligned}
\min! \quad -Z(\mathbf{w}) &= -\boldsymbol{\mu}'\mathbf{w} = -0,05w_1 - 0,1w_2 - 0,2w_3 \\
f_1(\mathbf{w}) &:= \mathbf{w}'\boldsymbol{\Sigma}\mathbf{w} - 0,5 \leq 0 \\
f_2(\mathbf{w}) &:= \mathbf{w}'\mathbf{1} - 1 \leq 0 \\
f_3(\mathbf{w}) &:= -\mathbf{w}'\mathbf{1} + 1 \leq 0 \\
f_4(\mathbf{w}) &:= -w_1 \leq 0 \\
f_5(\mathbf{w}) &:= -w_2 \leq 0 \\
f_6(\mathbf{w}) &:= -w_3 \leq 0
\end{aligned}$$

Die Funktionen erfüllen alle genannten Voraussetzungen in dem Polyeder

$$P_0 := \{\mathbf{w} \mid \mathbf{B}\mathbf{w} \leq \mathbf{d}\} \qquad \text{mit}$$

$$\mathbf{B} = \begin{pmatrix} 1 & 1 & 1 \\ -1 & -1 & -1 \\ 1 & 0 & 0 \\ -1 & 0 & 0 \\ 0 & 1 & 0 \\ 0 & -1 & 0 \\ 0 & 0 & 1 \\ 0 & 0 & -1 \end{pmatrix} \quad \text{und} \quad \mathbf{d} = \begin{pmatrix} 1 \\ -1 \\ 1 \\ 0 \\ 1 \\ 0 \\ 1 \\ 0 \end{pmatrix},$$

das sich unmittelbar aus den Restriktionen ergibt und offenbar beschränkt ist.

Der Punkt mit dem kleinsten Wert der Zielfunktion $-Z(\mathbf{w}) = -\boldsymbol{\mu}'\mathbf{w}$ in diesem Polyeder ist

$$\mathbf{w}^0 = (0, 0, 1)'.$$

Der maximale Wert der Restriktionsfunktionen f_j an dieser Stelle wird für

$$f_1(\mathbf{w}^0) = 0,2$$

angenommen. Daher wird $\ell = 1$ gesetzt. Daraus folgt die neue Restriktion

$$f_1(\mathbf{w}^0) + (\mathbf{w} - \mathbf{w}^0)'\nabla f_1(\mathbf{w}^0) = 0,2 + (\mathbf{w}' - (0, 0, 1)) \begin{pmatrix} -1,0 \\ 0,6 \\ 1,4 \end{pmatrix} \leq 0$$

$$\iff \qquad -w_1 + 0,6w_2 + 1,4w_3 \leq 1,2.$$

Der Simplex–Algorithmus liefert mit dieser zusätzlichen Restriktion, also für das entsprechende verkleinerte Polyeder P_1, den nächsten Punkt:

$$\mathbf{w}^1 = (0,0833;\ 0;\ 0,9167)'.$$

Den maximalen Wert an dieser Stelle nimmt wieder die Restriktionsfunktion f_1 an, was zu der nächsten Restriktion führt:

$$f_1(\mathbf{w}^1) + (\mathbf{w} - \mathbf{w}^1)'\nabla f_1(\mathbf{w}^1) = 0,016 + (\mathbf{w}' - (0,0833;\ 0;\ 0,9167)) \begin{pmatrix} -0,8167 \\ 0,5167 \\ 1,2001 \end{pmatrix} \leq 0$$

$$\Longleftrightarrow \qquad -0,8167w_1 + 0,5167w_2 + 1,2w_3 \leq 1,016.$$

Der Simplex–Algorithmus liefert nun den Punkt

$$\mathbf{w}^2 = (0,0913;\ 0;\ 0,9087)',$$

für den alle Restriktionsfunktionen (fast) null werden, so dass das Verfahren abgebrochen werden kann. Dieser zuletzt gefundene Punkt ist also das ertragsstärkste Portfolio, das eine maximale Varianz von $\sigma_0^2 = 0,5$ besitzt und ohne Leerverkäufe auskommt:

$$\mathbf{M}_2: \quad (w_1, w_2, w_3)' = (0,0913;\ 0;\ 0,9087)'.$$

Die erwartete Rendite beträgt $\mu_P = 0,1863$.

2.5.4 Simplex–Verfahren von NELDER/MEAD mit Straffunktion

Die Maximierung des SHARPE–Ratio mit Leerverkaufsrestriktion erfordert ein weiteres Verfahren, da dieses Modell die Voraussetzungen der bereits vorgestellten Verfahren nicht erfüllt. Daher soll hier das Simplex–Verfahren von NELDER/MEAD mit Straffunktion vorgestellt werden.

Das Simplex–Verfahren von NELDER und MEAD hat mit dem Simplex–Verfahren der linearen Optimierung lediglich die Tatsache gemein, dass es auch die geometrische Form der Simplexe verwendet. Ein Simplex ist die konvexe Hülle von $n+1$ unabhängigen Punkten $\mathbf{w}^0, \mathbf{w}^1, \dots, \mathbf{w}^n$ im $\mathbb{R}^n$:

$$S(\mathbf{w}^0, \dots, \mathbf{w}^n) := \left\{ \sum_{i=0}^{n} \lambda_i \mathbf{w}^i \;\middle|\; \lambda_i \geq 0 \quad \wedge \quad \sum_{i=0}^{n} \lambda_i = 1 \right\}$$

Dieses Simplex–Verfahren[28)] ist ein heuristisches Verfahren, dessen Konvergenz nicht garantiert werden kann. Es ist jedoch sehr robust, so dass in den meisten Anwendungen die Konvergenz recht wahrscheinlich ist. Und wenn ein später noch vorzustellendes Abbruchkriterium erfüllt ist, dann kann man mit großer Wahrscheinlichkeit davon ausgehen, dass man eine gute Approximation für die Lösung gefunden hat.

28) Der Namenszusatz wird im Folgenden weggelassen. Eine ausführlichere Darstellung findet sich z.B. in GOHOUT (2009).

Das Simplex–Verfahren ist zunächst nur für unrestringierte Optimierungsprobleme vorgesehen:

$$Z(\mathbf{w}) \quad \text{min!}$$
$$Z(\mathbf{w}) \text{ stetig in } \mathbb{R}^n$$

Da wir hier aber gerade wegen der Leerverkaufsrestriktion an restringierten Modellen interessiert sind, werden wir dieses Simplex–Verfahren später mit einer so genannten *Straffunktion* verknüpfen.

Zunächst benötigt man ein *Start–Simplex* S_0, das dann iterativ verbessert wird, so dass man eine Folge von Simplexen $S_0, S_1, S_2, \ldots$ erhält. Dieses Start–Simplex muss man irgendwie „erraten". Je dichter es an der gesuchten Minimalstelle liegt, desto eher konvergiert das Verfahren.

Für das Start–Simplex — sowie später für alle nachfolgenden Simplexe — wird der Eckpunkt mit dem schlechtesten, also größten Funktionswert ermittelt:

$$\mathbf{y}_1 := \mathbf{w}^{i_1} \quad \text{mit} \quad Z(\mathbf{w}^{i_1}) = \max_j Z(\mathbf{w}^j), \quad Z_1 := Z(\mathbf{y}_1).$$

Außerdem berechnet man mit selbst gewählten Werten für α, β und γ die folgenden Punkte:

$$\begin{aligned}
\mathbf{y}_2 &:= \mathbf{w}^{i_2} \quad \text{mit} \quad Z(\mathbf{w}^{i_2}) = \max_{j \neq i_1} Z(\mathbf{w}^j), \quad Z_2 := Z(\mathbf{y}_2)\\
\mathbf{y}_3 &:= \mathbf{w}^{i_3} \quad \text{mit} \quad Z(\mathbf{w}^{i_3}) = \min_j Z(\mathbf{w}^j), \quad Z_3 := Z(\mathbf{y}_3)\\
\mathbf{y}_g &:= \frac{1}{n} \sum_{\mathbf{w}^i \neq \mathbf{y}_1} \mathbf{w}^i\\
\mathbf{y}_r &:= \mathbf{y}_g + \alpha \cdot (\mathbf{y}_g - \mathbf{y}_1), \quad \alpha > 0, \quad Z_r := Z(\mathbf{y}_r)\\
\mathbf{y}_e &:= \mathbf{y}_g + \gamma \cdot (\mathbf{y}_r - \mathbf{y}_g), \quad \gamma > 1, \quad Z_e := Z(\mathbf{y}_e)\\
\mathbf{y}_k &:= \mathbf{y}_g + \beta \cdot (\mathbf{y}_1 - \mathbf{y}_g), \quad 0 < \beta < 1, \quad Z_k := Z(\mathbf{y}_k)\\
\mathbf{y}_\ell &:= \mathbf{y}_g + \beta \cdot (\mathbf{y}_r - \mathbf{y}_g), \quad 0 < \beta < 1, \quad Z_\ell := Z(\mathbf{y}_\ell)\\
\mathbf{w}^i_{\text{neu}} &:= \frac{1}{2}(\mathbf{w}^i + \mathbf{y}_3) \qquad \text{für alle } \mathbf{w}^i \neq \mathbf{y}_3 \quad \text{(totale Kontraktion).}
\end{aligned}$$

Das resultierende neue Simplex nach der totalen Kontraktion versehen wir mit einem Überstrich. Wenn also das Simplex S_k einer totalen Kontraktion unterworfen wird, dann resultiert daraus das Simplex $S_{k+1} = \overline{S}_k$.

Mit diesen Bezeichnungen können wir einen Iterationsschritt des Simplex–Verfahrens, also den Übergang von einem Simplex zum nächsten — besseren — Simplex, in einem Nassi–Shneiderman–Diagramm beschreiben.

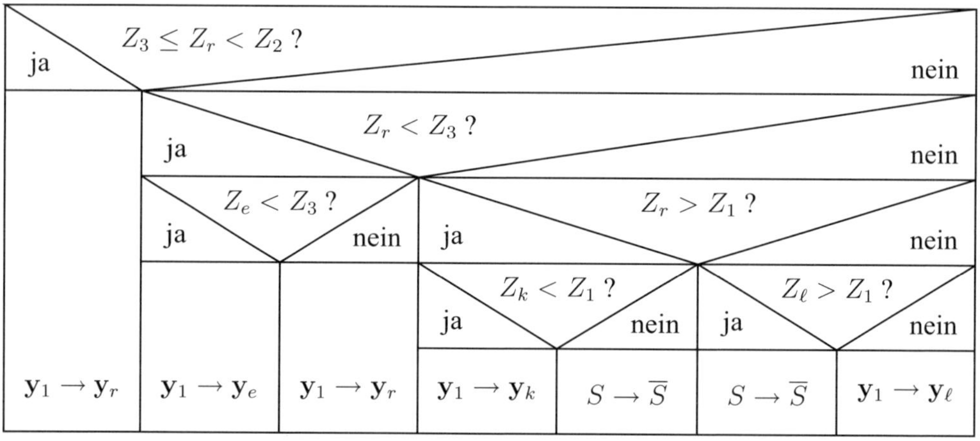

Wenn also etwa Z_r nicht kleiner als Z_3, aber kleiner als Z_2 ist, dann wird die Simplex–Ecke $\mathbf{y}_1$ gegen den neuen Punkt $\mathbf{y}_r$ ausgetauscht, wodurch ein neues Simplex entsteht. Wenn aber beispielsweise Z_r größer als Z_1, Z_2 und Z_3 und Z_k größer als Z_1 ist, dann entsteht das neue Simplex durch die totale Kontraktion.

Als Abbruchkriterium für die Berechnung dieser Simplexe könnte man beispielsweise die maximale Ausdehnung des Simplex entlang jeder Achse, also für jede Komponente i bestimmen,

$$m_i := \max\{\mathbf{w}_i^0, \ldots, \mathbf{w}_i^n\} - \min\{\mathbf{w}_i^0, \ldots, \mathbf{w}_i^n\},$$

und von diesen achsenparallelen Ausdehnungen wiederum das Maximum über alle Komponenten bilden:

$$m := \max\{m_1, \ldots, m_n\}.$$

Wenn diese Obergrenze für die Größe des Simplex kleiner ist als eine vorgegebene Schranke, z.B. $\varepsilon = 10^{-6}$, dann ist — vermutlich — jede Ecke dieses Simplex (oder der Mittelwert aller Ecken oder die Ecke mit dem kleinsten Funktionswert) eine gute Näherung für die gesuchte Minimalstelle.

Wie bereits erwähnt, müssen wir das Simplex–Verfahren mit einer *Straffunktion* für den unzulässigen Bereich kombinieren. Die Idee besteht darin, für alle $\mathbf{w}$ außerhalb des zulässigen Bereichs einen positiven Strafterm zur Zielfunktion zu addieren und dann das Simplex–Verfahren von NELDER/MEAD auf diese erweiterte Zielfunktion anzusetzen. Da die Zielfunktion ja minimiert wird, wird dieses Vorgehen das Komplement des zulässigen Bereichs quasi „von selbst“ meiden.

Eine verbreitete Straffunktion lautet

$$p(\mathbf{w}) = \sum_{j=1}^{m} (\max(0, f_j(\mathbf{w}))^2,$$

wobei die Nebenbedingungen $f_j(\mathbf{w}) \leq 0$ für $j = 1, \ldots, m$ den zulässigen Bereich definieren. Die erweiterte Zielfunktion ist dann

$$\overline{Z}(\mathbf{w}) := Z(\mathbf{w}) + k \cdot p(\mathbf{w}) \quad k > 0.$$

Die positive Konstante k kann je nach Konvergenzverhalten vergrößert werden, um die Bestrafung für das Verlassen des zulässigen Bereichs zu steigern.

Das Verfahren kann nun wie folgt beschrieben werden:

1. Setze $k = 1$, $\ell = 1$ und — zum Beispiel — $\varepsilon = 10^{-6}$.

2. Suche eine Lösung $\mathbf{w}^\ell$ von

$$Z(\mathbf{w}) + k \cdot p(\mathbf{w}) \quad \text{min!}$$

   mit dem Simplex–Verfahren von NELDER/MEAD.

3. Ist $p(\mathbf{w}^\ell) < \varepsilon$, dann gilt $\mathbf{w}^\ell$ als (approximative) Lösung;
   sonst vergößere k (z.B. $k = 2k$) und setze $\ell = \ell + 1$ und gehe zu 2.

Beispiel:

Wir wollen das optimale SHARPE–Portfolio mit Leerverkaufsrestriktion und mit einem risikofreien Zinssatz von $r_f = 0,04$ bestimmen:

$$\begin{aligned} \text{min!} \quad Z(\mathbf{w}) &= -\frac{\mathbf{w}'(\boldsymbol{\mu} - 0,04 \cdot \mathbf{1})}{\sqrt{\mathbf{w}'\boldsymbol{\Sigma}\mathbf{w}}} \\ \mathbf{w}'\mathbf{1} - 1 &\leq 0 \\ -\mathbf{w}'\mathbf{1} + 1 &\leq 0 \\ -\mathbf{w} &\leq \mathbf{0}. \end{aligned}$$

Als Steuerparameter für das Simplex–Verfahren wählen wir beispielsweise

$$\alpha = 1; \quad \beta = 0,5; \quad \gamma = 2.$$

Für das Start–Simplex S_0 wählen wir — recht willkürlich — die Ecken:

$$\mathbf{w}^0 = \begin{pmatrix} 0,5 \\ 0,5 \\ 0,5 \end{pmatrix}, \quad \mathbf{w}^1 = \begin{pmatrix} 0,51 \\ 0,5 \\ 0,5 \end{pmatrix}, \quad \mathbf{w}^2 = \begin{pmatrix} 0,5 \\ 0,51 \\ 0,5 \end{pmatrix}, \quad \mathbf{w}^3 = \begin{pmatrix} 0,5 \\ 0,5 \\ 0,51 \end{pmatrix}.$$

Als Lösung ergibt sich das folgende SHARPE–Portfolio:

$$\mathbf{S}: \quad (w_1, w_2, w_3)' = (0,4628; \; 0; \; 0,5372)'.$$

Der maximale Wert des SHARPE–Ratio beträgt

$$-Z(\mathbf{w}) = \frac{\mathbf{w}'(\boldsymbol{\mu} - 0,04 \cdot \mathbf{1})}{\sqrt{\mathbf{w}'\boldsymbol{\Sigma}\mathbf{w}}} = 0,3165.$$

Der Ertrag und das Risiko dieses Portfolios lauten:

$$\mu_P = 0,1306; \quad \sigma_P = 0,2862.$$

In der folgenden Abbildung sind die Portfolios mit Leerverkaufsrestriktion zusammen mit der Effizienzkurve und der tangentialen Nutzenindifferenzkurve für $\gamma = 1$ eingezeichnet. Das Portfolio $\mathbf{T}$ und das SHARPE–Portfolio stimmen hier zufällig bezüglich Ertrag und Risiko fast überein.

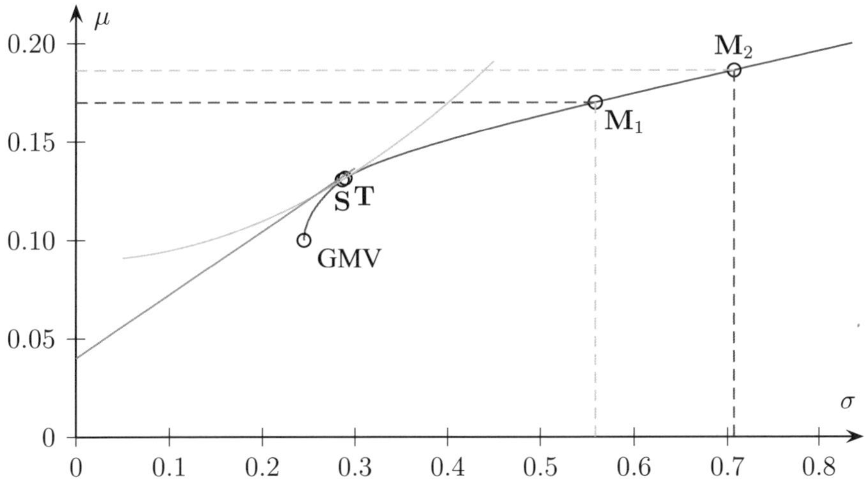

2.6 Probleme der traditionellen Ansätze

Aus theoretischer und vor allem bankpraktischer Sicht sind mittlerweile eine Reihe von Kritikpunkten an den traditionellen Optimierungsansätzen unbestritten. So wird beispielsweise in der Literatur die Frage nach einem **adäquaten Risikomaß** diskutiert. Als ein Kritikpunkt am klassischen Ansatz wird die Verwendung der Varianz genannt, bei der negative und positive Abweichungen gleichen Betrages vom Erwartungswert gleich gesetzt werden, obwohl nur die negativen Abweichungen einem intuitiven Risikoverständnis entsprechen. Alternative Risikomaße sind Gegenstand des Abs. 3.1.

Die Darstellung der traditionellen Ansätze war bisher eher theoretischer Natur. So wurde vereinfachend der Aspekt der **Transaktionskosten** außer Acht gelassen. Eine Untersuchung von WERMERS (2000) zeigt jedoch die Relevanz dieses Faktors. In einer umfangreichen Performance–Analyse ergibt sich, dass die betrachteten aktiv verwalteten Portfolios vor Kosten im Durchschnitt eine höhere Rendite als die Benchmark und nach Kosten im Durchschnitt eine deutlich geringere Rendite aufweisen. Die Begründung der häufig zu beobachtenden Rendite–Nachteile aktiv verwalteter Portfolios gegenüber einem Index–Portfolio sind nach WERMERS (2000) die im aktiven Management in besonderem Maße anfallenden Transaktionskosten. Möglichkeiten der quantitativen Erfassung und Berücksichtigung von Transaktionskosten im Optimierungsansatz werden in Abs. 3.2.1 beschrieben.

Eine beinahe natürliche Erweiterung des Erwartungswert–Varianz–Ansatzes ist die Aufnahme des dritten Moments, der **Schiefe**, der Rendite–Verteilung. Für den Fall, dass zwei Portfolios hinsichtlich Erwartungswert und Varianz der Portfolio–Rendite gleich zu bewerten sind, ist jenes mit der größeren Schiefe zu bevorzugen. Eine größere Schiefe, und zwar die für Finanzmarktdaten typische Linkssteilheit, bedeutet bei identischem ersten und zweiten Moment eine größere Wahrscheinlichkeit für hohe Renditen. Die Berücksichtigung der Schiefe ist zwar theoretisch wünschenswert, aber in der Literatur nicht unumstritten. Die Abwägung der Vor– und Nachteile dieses Aspekts findet in Abs. 3.2.2 statt.

Weiterhin wird in der Literatur[29)] kritisiert, dass *ex ante* keine Allokationsentscheidung im Hinblick auf ein Vergleichs–Portfolio erfolgt, obwohl *ex post* der Vergleich des optimalen Portfolios mit einer Benchmark weit verbreitet ist. In Abs. 3.2.3 wird ein **benchmarkorientierter** Ansatz vorgestellt, bei dem nicht mit absoluten, sondern mit relativen Renditen gearbeitet wird.

In allen bisher genannten Optimierungsansätzen wird die Investitionsentscheidung nur für eine Periode betrachtet. In der Praxis sind jedoch **Mehrperioden–Analysen** erforderlich, um insbesondere den Erfordernissen institutioneller Anleger gerecht zu werden. Die Pflicht zur periodischen Erstellung von Jahresabschlüssen, Rechenschafts– oder Performance–Berichten macht ein mehrperiodiges Denken und Planen dieser Anleger erforderlich. Im Rahmen einer Mehrperioden–Analyse ist die intertemporale Entwicklung der Anlagealternativen abzuschätzen. Dabei ist unbedingt auch eine intertemporale Robustheitsanalyse anhand von alternativ möglichen mehrperiodigen Szenarios durchzuführen.[30)]

---

29) Vgl. zum Beispiel LINKE (1996) oder HIELSCHER (1991).

30) Vgl. DICHTL/KLEEBERG/SCHLENGER (2003).

Aus den bisher genannten Kritikpunkten an den traditionellen Optimierungsansätzen resultieren die im nachfolgenden Kapitel 3 dargestellten neueren Aspekte der Portfolio–Optimierung. Doch auch unter Berücksichtigung von alternativen Risikomaßen, Transaktionskosten, Schiefe der Renditeverteilung usw. bleiben als wesentliches Problem aller genannten Optimierungsansätze die mit der Prognose der Inputgrößen verbundenen Fehler. Verschiedene Simulationsstudien, wie zum Beispiel die von KEMPF/MEMMEL (2003), haben gezeigt, dass insbesondere die Schätzung der erwarteten Portfolio–Rendite bei den in diesem Zusammenhang üblichen Schätzverfahren[31)] mit hohen Fehlern behaftet ist. Die Auswirkung dieser Schätzfehler wurde in den Studien von KEMPF/MEMMEL (2002), SCHÄFER/ZIMMERMANN (1998) oder CHOPRA/ZIEMBA (1993) untersucht. Unisono ergab sich eine extrem hohe Renditesensitivität der Portfoliogewichtung. Schon geringe Veränderungen in den prognostizierten Renditen führen zu großen Portfolio–Umschichtungen.

Neben dieser **Portfolio–Instabilität** ziehen die Schätzfehler noch ein weiteres Problem nach sich. MICHAUD (1989, 1998) hat gezeigt, dass ein positiver (negativer) Schätzfehler zu übergewichteten (untergewichteten) Portfoliopositionen führt. Aufgrund der Korrelationsstruktur der Renditen pflanzen sich diese systematischen Fehler in der Gewichtung auch in den hochkorrelierten Positionen fort. Der Autor spricht in diesem Zusammenhang sogar von einer **Schätzfehlermaximierung** im klassischen MARKOWITZ–Ansatz. Die Konsequenz daraus ist, dass bei der Optimierung häufig extreme, sowohl positive als auch negative, Portfolio–Gewichte auftreten. Das vierte Kapitel zeigt Möglichkeiten auf, wie mittels zeitreihenanalytischer Verfahren die Prognose von Ertrag und Risiko verbessert werden kann.

Abschließend sei noch die Anmerkung von FRANTZMANN (2002) genannt, dass die Unterstellung des rationalen Verhaltens von Wirtschaftssubjekten in zahlreichen psychologischen Experimenten widerlegt wurde. Menschen können oftmals nur wenige Handlungsalternativen und Umweltzustände bei ihrer Entscheidungsfindung berücksichtigen und handeln somit nur begrenzt rational, das heißt nicht in Übereinstimmung mit der

31) Vgl. dazu Abs. 4.1 des vorliegenden Buches.

Erwartungsnutzen–Theorie. Bisher bietet der in den letzten Jahren an Bedeutung gewonnene Bereich der **Behavioral Finance**[32] jedoch noch kein fundiertes, empirisch überprüfbares Modellgebäude, das die mathematisch begründete Entscheidungstheorie ablösen könnte.

Fragen zur Selbsteinschätzung

- Was besagt Diversifikation und wie kann man den Diversifikationseffekt verdeutlichen?
- Wie ist der Verlauf der Risiko–Ertrags–Kurve bei perfekter negativer Korrelation der Anlagealternativen im Zwei–Positionen–Fall?
- Wann ist ein Portfolio — gemäß HARRY M. MARKOWITZ — effizient?
- Wie ist der Verlauf der Effizienzkurve?
- Wie lauten die beiden Formulierungen des klassischen MARKOWITZ–Optimierungsansatzes?
- Was versteht man unter Iso–Ertrags– und Iso–Varianz–Kurven im Falle dreier Anlagealternativen?
- Inwiefern stellt der Optimierungsansatz nach TOBIN eine Erweiterung des klassischen MARKOWITZ–Ansatzes dar?
- Wie lautet der Optimierungsansatz nach SHARPE und wie ist dieser motiviert?
- Mit welchem Verfahren kann der SHARPE–Optimierungsansatz gelöst werden?
- Was sind die wesentlichen Kritikpunkte an den traditionellen Optimirungsansätzen?

[32] Vgl. dazu beispielsweise die Paper–Reihe der „Behavioral Finance Group“ der Universität Mannheim (`http://www.behavioral-finance.de.`).

3 Neuere Aspekte der Portfolio–Optimierung

Am Ende des vorangegangenen Kapitels wurden eine Reihe von Kritikpunkten an den traditionellen Optimierungsansätzen genannt. Gegenstand dieses Kapitels sind die Reaktionen in der jüngeren Literatur auf einige dieser Kritikpunkte. Ausgewählte Aspekte werden im weiteren Verlauf des Buches als *neuere Ansätze* der Portfolio–Optimierung bezeichnet.

3.1 Alternative Risiko–Maße

MARKOWITZ selbst hat bereits in seinen frühen Arbeiten (1952, 1959) auf die Begrenztheit der Varianz als Risikomaß hingewiesen. Er hat aber auch immer wieder betont, dass andere Risikokonzepte eine ungleich höhere mathematische Komplexität aufweisen und damit höhere Rechenzeiten bei der Optimierung erforderlich werden. Die Problematik der Varianz ist durch eine intuitiv andere Risiko–Empfindung gegeben. So verbindet ein Anleger mit Risiko eigentlich nur das Unterschreiten einer bestimmten Rendite, während höhere Renditen als Chance verstanden werden. Dieses so genannte **Unterschreitungs–Risiko** (Downside Risk oder auch Shortfall Risk) wird durch **Ausfall–Risikomaße** erfasst, die im Folgenden systematisch vorgestellt werden.

3.1.1 Safety–First–Ansätze

Ein spezielles Ausfall–Risikomaß ist die **Ausfall–Wahrscheinlichkeit**, das heißt die Wahrscheinlichkeit der Unterschreitung einer vorgegebenen Mindestrendite r_{min}:

$$P(R < r_{min}) = \int_{-\infty}^{r_{min}} f(r)dr \, . \tag{3.1}$$

Die Ausfall–Wahrscheinlichkeit ist als alleiniges Risikomaß jedoch ungeeignet, denn sie berücksichtigt das Ausmaß der erwarteten Unterschreitung nicht. Daher sollte sie nur in Verbindung mit anderen Risikomaßen verwendet werden.

Die Beurteilung von Portfolios auf der Basis von erwarteter Rendite und Ausfall–Wahrscheinlichkeit in Kombination mit der Portfolio–Varianz wurde bereits in den fünfziger und sechziger Jahren von einigen Autoren vorgestellt. Diese als **Safety–First–Ansätze** zusammengefassten Modelle von ROY (1952), TELSER (1955) und KATAOKA (1963) werden in der jüngeren Vergangenheit wieder häufiger verwendet[1)] und daher im Folgenden kurz beschrieben.[2)]

Nach dem **ROY–Kriterium** ist jenes Portfolio optimal, welches die geringste Ausfall–Wahrscheinlichkeit für gegebenes r_{min} aufweist. Unter der Bedingung normalverteilter Renditen[3)] der einzelnen Assets ist das optimale Portfolio dadurch charakterisiert, dass die Differenz von erwarteter Portfolio–Rendite μ_P und Mindestrendite r_{min}, ausgedrückt in Standardabweichungen σ_P der Portfolio–Rendite, maximal ist.[4)] So ist ein Portfolio A, bei dem r_{min} zum Beispiel $2 \cdot \sigma_P$ unterhalb μ_P liegt ($\mu_P - r_{min} = 2 \cdot \sigma_P$), einem Portfolio B vorzuziehen, bei dem die Differenz nur $1{,}5 \cdot \sigma_P$ beträgt ($\mu_P - r_{min} = 1{,}5 \cdot \sigma_P$). Allgemein gilt es in diesem Ansatz, die Steigung K aus der „ROY–Geraden“

$$\mu_P = r_{min} + K \cdot \sigma_P \tag{3.2}$$

zu maximieren. Daraus ergibt sich folgender Optimierungsansatz:

$$\max! \quad Z(\mathbf{w}) = K = \frac{\mu_P - r_{min}}{\sigma_P} = \frac{\mathbf{w}'\boldsymbol{\mu} - r_{min}}{\sqrt{\mathbf{w}'\Sigma\mathbf{w}}} \quad \text{unter} \quad \mathbf{w}'\mathbf{1} = 1\,. \tag{3.3}$$

---

1) Ein Beispiel ist die Integration des KATAOKA–Kriteriums in einem Aufsatz zur *Capital Allocation* von BAMBERG und DORFLEITNER (2003).

2) Vgl. zur Darstellung der Safety–First–Ansätze ELTON et al. (2006).

3) Für alle drei Safety–First–Ansätze gelangt man auch ohne Normalverteilungsannahme über die Ungleichung von TSCHEBYSCHEFF zur jeweiligen Zielfunktion (vgl. dazu ELTON et al. (2006)).

4) Vorausgesetzt $r_{min} < \mu$.

Man beachte die Parallelität zum SHARPE–Ansatz (Abs. 2.4), bei dem die Rendite r_f der risikofreien Anlageform an die Stelle der geforderten Mindestrendite tritt. Das Optimum nach dem ROY–Kriterium ist also entsprechend durch den Tangentialpunkt der „ROY–Geraden“ und der Effizienzlinie im μ–σ–Raum gegeben. Daher gelten die in Abs. 2.4 abgeleiteten Optimierungsergebnisse hier entsprechend.

Aus dem Jahre 1955 stammt der zweite Safety–First–Ansatz von TELSER. Gemäß **TELSER–Kriterium** ist die erwartete Portfolio–Rendite unter der Nebenbedingung zu maximieren, dass die Ausfall–Wahrscheinlichkeit einen vorgegebenen Wert α nicht übersteigt:

$$\text{max!} \quad Z(\mathbf{w}) = \mu_P = \mathbf{w}'\boldsymbol{\mu} \tag{3.4}$$

$$\text{unter} \quad P(R_P < r_{min}) \leq \alpha \quad \text{und} \quad \mathbf{w}'\mathbf{1} = 1 \,.$$

Ausgehend von normalverteilten Renditen kann die Restriktion bezüglich der Ausfall–Wahrscheinlichkeit wie folgt umformuliert werden:

$$P(R_P < r_{min}) \leq \alpha \quad \Longrightarrow \quad \mu_P \geq r_{min} + K \cdot \sigma_P \,, \tag{3.5}$$

wobei K hier das Perzentil der Standardnormalverteilung der Ordnung α darstellt. Im μ–σ–Raum erfüllen alle Punkte oberhalb der „TELSER–Geraden“ ($\mu_P = r_{min} + K \cdot \sigma_P$) die Restriktion (3.5). Der obere Schnittpunkt A der „TELSER–Geraden“ mit der Effizienzlinie entspricht dem optimalen Portfolio (vgl. nachfolgende Abbildung). Dieser Safety–First–Ansatz führt zu keiner Lösung, wenn die „TELSER–Gerade“ oberhalb der Effizienzlinie verläuft.

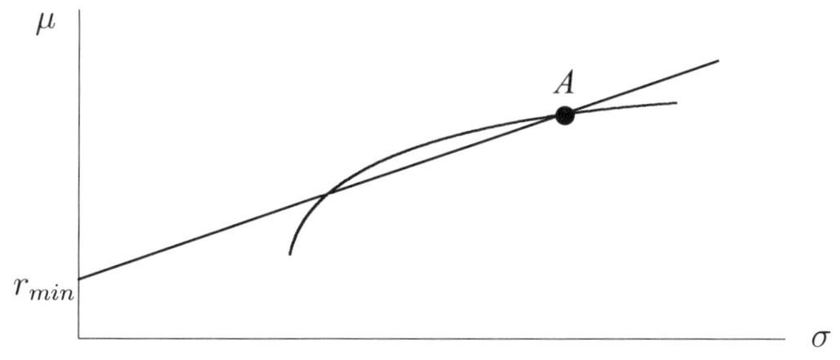

Das **KATAOKA–Kriterium** aus dem Jahr 1963 stellt den dritten Safety–First–Ansatz dar. Demnach ist nicht die erwartete Portfolio–Rendite, sondern die Mindestrendite des Portfolios unter der Nebenbedingung zu maximieren, dass die Ausfall–Wahrscheinlichkeit einen vorgegebenen Wert α nicht übersteigt:

$$\max! \quad Z(\mathbf{w}) = r_{min} = \mathbf{w}'\boldsymbol{\mu} - K\sqrt{\mathbf{w}'\boldsymbol{\Sigma}\mathbf{w}} \tag{3.6}$$

$$\text{unter} \quad P(R_P < r_{min}) \leq \alpha \quad \text{und} \quad \mathbf{w}'\mathbf{1} = 1\,.$$

Da r_{min} maximiert werden soll, gilt in der Restriktion bezüglich der Ausfall–Wahrscheinlichkeit das Gleichheitszeichen. Demzufolge ergibt sich — wieder ausgehend von normalverteilten Renditen — aus der Restriktion die entsprechende Geraden–Gleichung:

$$P(R_P < r_{min}) = \alpha \quad \Longrightarrow \quad \mu_P = r_{min} + K \cdot \sigma_P\,. \tag{3.7}$$

Maximierung von r_{min} bei gegebenem α (und damit K) bedeutet im μ–σ–Raum, dass aus einer Schar parallel verlaufender „KATAOKA–Geraden" diejenige auszuwählen ist, die eine Tangente der Effizienzlinie darstellt. Der Tangentialpunkt A bestimmt dann das optimale Portfolio im Sinne des KATAOKA–Kriteriums (vgl. nachfolgende Abbildung). Aus der Menge aller effizienten Portfolios weist das Portfolio A die maximale Mindestrendite auf, die mit der Wahrscheinlichkeit α nicht unterschritten wird.

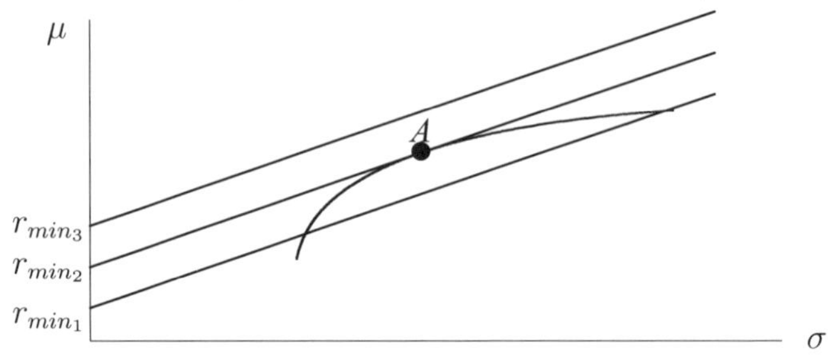

Bei allen drei Safety–First–Ansätzen wird die Ausfall–Wahrscheinlichkeit entweder in der Zielfunktion selbst oder in den Restriktionen berücksichtigt. Die Auswahl des optimalen Portfolios erfolgt zwar nach verschiedenen Kriterien, aber immer aus der Menge aller effizienten Portfolios im μ–σ–Raum. Somit stellen die drei Safety–First–Ansätze eine Kombination der beiden Risikomaße Ausfall–Wahrscheinlichkeit und Portfolio–Varianz dar.

3.1.2 Semivarianz und Mittlere Absolute Abweichung

Neben der Ausfall–Wahrscheinlichkeit ist die **Semivarianz** σ_{SV}^2 ein populäres Ausfall–Risikomaß:

$$\sigma_{SV}^2 = \mathrm{E}[(R^- - \mu)^2] \,. \tag{3.8}$$

Bei diesem Risikomaß werden nur die Renditen R^- in die Berechnung einbezogen, die unterhalb der erwarteten Rendite liegen. Die Semistandardabweichung ist wie gewohnt durch die positive Wurzel aus der Semivarianz gegeben. Die Semivarianz bietet gegenüber der Varianz nur dann Vorteile, wenn die zugrunde liegende Verteilung beträchtliche Asymmetrien aufweist.[5)] Anderenfalls ist die Varianz das Zweifache der Semivarianz: $\sigma^2 = 2 \cdot \sigma_{SV}^2$.

MARKOWITZ veröffentlichte bereits 1959 einen Ansatz zur semivarianz–optimalen Portfolio–Selektion. Diese Idee hat er aber erst nach langer Zeit wieder aufgegriffen. Im Jahr 1993 stellte er mit den Koautoren TODD, XU und YAMANE einen *Semivariance–Critical–Lines–Algorithmus* zur Semivarianz–Optimierung vor.

Als eine weitere Alternative zur Varianz sei die **Mittlere Absolute Abweichung** (**M**ean **A**bsolute **D**eviation)

$$MAD = \mathrm{E}\left[|R - \mu|\right] \tag{3.9}$$

5) Vgl. dazu eine Untersuchung von BURGESS (1974).

genannt.[6] Eine empirische Untersuchung von KONNO/YAMAZAKI (1991) ergab jedoch, dass die Performance der MAD–optimalen Portfolios in etwa denen der varianz–optimalen Portfolios entspricht. Allerdings hat SIMAAN (1997) herausgefunden, dass die MAD–Optimierung mit einem größeren Schätzfehler behaftet ist. Aus diesem Grund wird auf dieses Risikomaß im weiteren Verlauf des Buches nicht mehr eingegangen.

3.1.3 Lower Partial Moments

Ein Konzept, das die Ausfall–Wahrscheinlichkeit und auch die Semivarianz als Spezialfälle enthält, sind die so genannten **Lower Partial Moments** (LPM). Die allgemeine Formel der LPM m–ten ($m = 0, 1, 2, ...$) Grades bezüglich einer geforderten Mindestrendite r_{min} lautet:

$$LPM_m = \mathrm{E}[(R^- - r_{min})^m] = \int_{-\infty}^{r_{min}} (r - r_{min})^m f(r) dr \; . \tag{3.10}$$

Von besonderer Bedeutung sind folgende LPM:

- LPM_0 = Ausfall–Wahrscheinlichkeit,
- LPM_2 = Ausfall–Varianz (Semivarianz, wenn $r_{min} = \mu$).

Mittels der Definition (3.10) wird die bereits erwähnte Kritik an der Ausfall–Wahrscheinlichkeit, dass das Ausmaß der Unterschreitung von r_{min} nicht berücksichtigt wird, nochmals verdeutlicht. Bei der Ausfall–Varianz wird dagegen nicht nur das Ausmaß der Unterschreitung erfasst, sondern größere Abweichungen werden wegen der Quadrierung auch stärker gewichtet. Demzufolge wird auf der Basis der Ausfall–Varianz aus zwei Renditeverteilungen mit identischen Erwartungswerten, Varianzen und Mindestrenditen diejenige ausgewählt, die die größere Schiefe aufweist. Die überproportionale Gewichtung von größeren Abweichungen nimmt mit m zu, das heißt m sollte je nach Risikoaversion des Anlegers gewählt werden.

[6] Vgl. zum Beispiel KONNO/YAMAZAKI (1991) oder FEINSTEIN/THAPA (1993).

Das große Problem der Ausfall–Varianz und damit auch der Semivarianz eines Portfolios ist, dass sie — im Gegensatz zur Portfolio–Varianz — nicht direkt aus den Ausfallvarianzen der einzelnen Assets im Portfolio berechnet werden kann. In der Literatur werden verschiedene Vorschläge zur Berechnung der erforderlichen *Ko–Ausfall–Varianz–Matrix* diskutiert.

Zunächst schlug MARKOWITZ (1959) eine Formulierung für die Ko–Ausfall–Varianz vor, die nicht mit dem LPM–Konzept vereinbar ist.[7] Er selbst verfolgte diesen Ansatz jedoch nicht weiter und auch in der Literatur wurde er nicht mehr aufgegriffen, so dass auf eine Darstellung an dieser Stelle verzichtet wird.[8] Auf der Basis der LPM wurden eine symmetrische und eine asymmetrische Ko–Ausfall–Varianz–Matrix in der Literatur vorgestellt.[9]

Die symmetrische Ko–Ausfall–Varianz–Matrix stellt eine grobe Vereinfachung der methodisch korrekten asymmetrischen Ko–Ausfall–Varianz–Matrix dar und ist damit nicht von besonderem Interesse. Die Elemente der **asymmetrischen Ko–Ausfall–Varianz–Matrix** sind für die Renditeströme der Anlagealternativen i und j ein Spezialfall des asymmetrischen Co–Lower–Partial–Moments ($aCLPM$):

$$aCLPM_{ij,m-1,r_{min}} = \mathrm{E}[(R_i^- - r_{min})^{m-1}(R_j - r_{min})] \; . \tag{3.11}$$

Für $m = 2$ ergibt sich die asymmetrische Ko–Ausfall–Varianz–Matrix $cosv_{ij,r_{min}}$ wie folgt:

$$\begin{aligned} cosv_{ij,r_{min}} &= aCLPM_{ij,1,r_{min}} \\ &= \mathrm{E}[(R_i^- - r_{min})(R_j - r_{min})] \; . \end{aligned} \tag{3.12}$$

---

[7] Das ist nicht überraschend, denn in 1959 war das LPM–Konzept noch gar nicht entwickelt.

[8] Die Ko–Ausfall–Varianz–Matrix ist im Rahmen des 1993 von MARKOWITZ/TODD/XU/YAMANE veröffentlichten Semivariance–Critical–Lines–Algorithmus nicht erforderlich.

[9] Vgl. zur Darstellung der Ko–Ausfall–Varianz–Matrix SCHMIDT–VON RHEIN (2002) und die dort angegebene Literatur.

Die Asymmetrie ($cosv_{ij,r_{min}} \neq cosv_{ji,r_{min}}$) ergibt sich dadurch, dass bei der Berechnung von $cosv_{ij,r_{min}}$ die R_j nur dann eingehen, wenn die R_i unter r_{min} liegen. Bei der umgekehrten Abhängigkeit ($cosv_{ji,r_{min}}$) werden die R_i auch nur berücksichtigt, wenn die $R_j < r_{min}$ sind. Diese Ko–Ausfall–Varianz–Matrix hat zwar den rechentechnischen Nachteil der Asymmetrie, ist aber von der konkreten Portfolio–Struktur unabhängig und damit für alle Portfolio–Zusammensetzungen konstant, was dem allgemeinen „Ausfall–Varianz–Verständnis“ entspricht.[10)]

Die konsequente Weiterführung dieses anderen Risiko–Verständnisses führt auch zu einem anderem Performance–Maß. So schlagen BAWA/LINDENBERG (1977) alternativ zum SHARPE–Ratio folgendes Maß vor:

$$BLM = \frac{\mu_P - r_f}{\sqrt{LPM_2}} \,. \tag{3.13}$$

3.1.4 Value at Risk

Grundsätzlich liefern auch *Perzentile* einen Einblick in die Risikostruktur einer Zufallsvariablen. Das Perzentil einer Rendite–Verteilung wird als **Value at Risk** (VaR) bezeichnet, der insbesondere in der finanzwirtschaftlichen Praxis eine große Relevanz als Ausfall–Risikomaß hat. Der VaR gibt die Rendite einer riskanten Vermögensposition an, die mit einer bestimmten Wahrscheinlichkeit $(1-\alpha)$ innerhalb eines festgelegten Zeitraums nicht unterschritten wird:[11)]

$$VaR = r_\alpha \qquad \text{mit} \quad P(R < r_\alpha) = \alpha \,. \tag{3.14}$$

Aus dieser Definition folgt, dass sich der VaR als Umkehrfunktion der Verteilungsfunktion $F(r)$ ergibt:

10) Im Gegensatz dazu ist die Ko–Ausfall–Varianz–Matrix nach MARKOWITZ (1959) von den Portfolio–Gewichten abhängig.

11) Zu den Gleichungen (3.14) und (3.15) ist anzumerken, dass unter der Annahme normalverteilter Renditen $P(R = r_\alpha) = 0$ ist.

$$\begin{aligned} F(r_\alpha) &= P(R < r_\alpha) = \alpha \\ \Rightarrow F^{-1}(\alpha) &= r_\alpha = VaR\,. \end{aligned} \tag{3.15}$$

Bei dem VaR wird also die Unterschreitungs–Wahrscheinlichkeit α vorgegeben und die dazugehörige kritische Rendite bestimmt, während bei der zuvor betrachteten Ausfall–Wahrscheinlichkeit ($LPM_0 = P(R < r_{min})$) die Mindestrendite gegeben ist und die Unterschreitungs–Wahrscheinlichkeit gesucht wird. Der Zusammenhang zwischen der Ausfall–Wahrscheinlichkeit LPM_0 und dem VaR zum Signifikanzniveau α lautet daher mit $r_{min} = r_\alpha$:

$$\begin{aligned} VaR &= F^{-1}(\alpha) \\ LPM_0 &= P(R < r_{min}) \\ \Rightarrow VaR &= F^{-1}(LPM_0)\,. \end{aligned} \tag{3.16}$$

So ist beispielsweise der VaR zum Niveau 5% (Rendite, die mit einer Wahrscheinlichkeit von 95% erreicht oder überschritten wird) der Renditewert, bei dem die Ausfall–Wahrscheinlichkeit, diese Mindestrendite zu unterschreiten, genau 5% beträgt.

Im Zusammenhang mit dem VaR sind drei Methoden zur Bestimmung des Perzentils zu nennen: die Historische Simulation, die Monte–Carlo–Simulation und der Varianz–Kovarianz–Ansatz.[12)]

Im Folgenden wird auf das methodisch interessanteste Verfahren, den Varianz–Kovarianz–Ansatz, eingegangen. Es wird unterstellt, dass die vergangenen und die zukünftigen Renditen normalverteilt sind. Der VaR beziehungsweise das Perzentil r_α kann daher direkt aus der Normalverteilung abgeleitet werden:[13)]

$$VaR = r_\alpha = u_\alpha \cdot \sigma, \tag{3.17}$$

wobei u_α das Perzentil der Ordnung α der Standardnormalverteilung darstellt.

---

12) Vgl. dazu JORION (2006).

13) Bei täglichen Renditen ist der Mittelwert als Schätzer für den Erwartungswert μ meist nahezu null und wird daher im Folgenden vernachlässigt. Anderenfalls sind die Renditen vorher zu zentrieren, das heißt um den Mittelwert zu bereinigen.

Der VaR wird in der Regel in Geldeinheiten im Sinne eines *Verlustes* angegeben, der mit einer vorgegebenen Wahrscheinlichkeit innerhalb eines festgelegten Zeitraums nicht *überschritten* wird. Dazu ist die (negative) Rendite r_α mit dem aktuellen Marktwert S_t der riskanten Vermögensposition zu multiplizieren:

$$VaR = -r_\alpha \cdot S_t \,. \tag{3.18}$$

Der VaR kann sowohl für einzelne Anlagepositionen als auch für Portfolios berechnet werden. Bei der Portfolio–Betrachtung ist jedoch neben der Risikomessung der einzelnen Positionen die Korrelationsstruktur des Portfolios zu berücksichtigen. Demzufolge ergibt sich der VaR des Portfolios nicht aus der Addition der einzelnen VaR–Werte, sondern es gilt:

$$VaR_P = \sqrt{\mathbf{v}' \cdot \mathbf{K} \cdot \mathbf{v}}, \tag{3.19}$$

mit $\mathbf{v}$ als Vektor der einzelnen VaR–Werte (im Sinne eines Verlustes) und $\mathbf{K}$ als Korrelationsmatrix der Renditeströme aller Portfolio–Positionen. Bei der Schätzung des VaR geht es also um die Frage einer adäquaten Schätzung der Korrelationsstruktur im Portfolio, was Gegenstand des Abs. 4.2 sein wird.

In der aktuellen Literatur wird neben dem beschriebenen VaR das Konzept des bedingten (**C**onditional) VaR ($CVaR$) diskutiert.[14] Der $CVaR$ gibt die erwartete Rendite unter der Bedingung an, dass die Rendite kleiner oder gleich ihrem VaR ist. Ebenso wie die Ausfall–Wahrscheinlichkeit, der VaR oder jedes andere Risikomaß kann auch der $CVaR$ entweder direkt optimiert werden oder als Restriktion in das Optimierungsmodell aufgenommen werden. Bisher konnte jedoch keine eindeutige Überlegenheit des $CVaR$–Ansatzes gegenüber anderen Risikomaßen empirisch nachgewiesen werden.

SCHMIDT–VON RHEIN (2002) stellt abschließend zu einer umfassenden Studie fest, dass die Optimierungen mit verschiedenen Risikomaßen im Bereich der taktischen Asset Al-

[14] Vgl. ALEXANDER/BAPTISTA (2003) und ROCKAFELLAR/URYASEV/ZABARANKIN (2003).

location nur zu minimalen Unterschieden geführt haben. Bei der strategischen Asset Allocation ergab sich hingegen, dass der Wechsel von der Varianz zu anderen Risikomaßen erhebliche Verschiebungen in der Portfolio–Struktur nach sich ziehen kann.

3.2 Erweiterungen der traditionellen Zielfunktionen

Die dargestellten alternativen Risikomaße können entweder als Restriktion oder direkt als die zu minimierende Zielgröße in den verschiedenen Optimierungsansätzen berücksichtigt werden. Unabhängig von der Frage der „richtigen" Risikomessung gilt es zudem zu klären, welche Ziele neben Risikominimierung, Ertrags– oder Nutzenmaximierung im praktischen Portfoliomanagement von Interesse sind. In den nachfolgenden drei Abschnitten werden weiterführende Gedanken hinsichtlich der Zielfunktion erläutert.

3.2.1 Berücksichtigung von Transaktionskosten

In Abs. 2.6 wurde kritisiert, dass bei der klassischen Optimierung der Aspekt der **Transaktionskosten** vereinfachend außer Acht gelassen wurde. Verschiedene empirische Untersuchungen haben jedoch diese Kosten als wichtigen Performance–Faktor nachweisen können.[15] Theoretisch unbestritten ist, dass Transaktionskosten den Portfolio–Ertrag reduzieren und somit als Kostenbestandteil in die Zielfunktion aufgenommen werden sollten. Der Grund für die häufige Vernachlässigung ist jedoch, dass einige Komponenten dieser besonderen Kosten schwer quantifizierbar sind.

Eine einstimmige Definition der Transaktionskosten–Bestandteile ist in der Literatur nicht zu finden. Grundsätzlich ist aber zwischen expliziten und impliziten Kosten zu unterscheiden.[16] Den **expliziten** Kosten werden die *Brokergebühren* zugeordnet, die in der Regel proportional zum Volumen der Transaktion sind. Gelegentlich kommen aber auch Mindestgebühren oder Zuschläge hinzu. Ein zweiter offensichtlicher Bestandteil der Transaktionskosten ist der *Bid/Ask–Spread*, die Differenz zwischen Kauf– und Verkaufskurs beim jeweiligen Broker. Diese Differenz ist das Entgelt des Brokers dafür, dass er sich

15) Vgl. die Studien von WERMERS (2000), YOSHIMOTO (1996) und WAGNER/BANKS (1992).

16) Vgl. zu dieser Differenzierung BAYER/BAYER (2002).

als Intermediär zur Verfügung stellt und damit eine gewisse Marktliquidität für den betreffenden Titel sichert. Neben den beiden bisher genannten Kostenbestandteilen sind die anfallenden — von Land zu Land teilweise sehr verschiedenen — *Steuern* ebenfalls den expliziten Kosten zuzurechnen.

Die Gruppe der **impliziten** Kosten ist ungleich schwerer zu quantifizieren. Auch hier sind wieder drei Komponenten zu unterscheiden: Kosten aufgrund des Market–Impact–Phänomens, Timing– und Opportunitätskosten. Unter *Market Impact* werden die Kosten adverser Kursbewegung zwischen Ordererteilung und Ausführung verstanden, die aufgrund des Volumens des Auftrages selbst entstehen.[17)] Dieser Kostenbestandteil misst also die Abweichung des Ausführungskurses von dem Kurs, der sich ergeben hätte, wenn die Order nicht erteilt worden wäre. Aufgrund einer Reihe weiterer Einflussfaktoren ist der Market Impact nicht proportional zum Transaktionsvolumen und damit schwer quantifizierbar. Falls eine gewünschte Transaktion über einen längeren Zeitraum verteilt wird, um beispielsweise den Market Impact zu reduzieren, können *Timing–Kosten* in Form einer ungünstigen Kursentwicklung in diesem Zeitraum auftreten. *Opportunitätskosten* entstehen dadurch, dass nicht jede gewünschte Transaktion tatsächlich ausgeführt wird. Eine nicht ausgeführte Transaktion bedeutet, dass die als optimal angesehene Portfolio–Zusammensetzung nicht umgesetzt wurde, wodurch eventuell Performance–Einbußen hinzunehmen sind. Auch dieser oftmals erhebliche Kostenbestandteil ist nicht leicht zu messen.

Neben der vorgestellten Differenzierung zwischen impliziten und expliziten Transaktionskosten ist in der Literatur auch das so genannte *Eisbergmodell* zu finden. Dabei entsprechen die Gebühren (Umsatzprovisionen, Broker– und sonstige Gebühren) der sichtbaren Spitze des Eisbergs. Der Bid/Ask–Spread, Market Impact und die Wartekosten (Kosten adverser Kursbewegung zwischen Anlageentscheidung und Auftragserteilung) sind im Verborgenen.[18)]

---

17) Dieser Effekt tritt natürlich nur bei institutionellen Anlegern auf, die ein entsprechend großes Auftrags–Volumen aufweisen.

18) Vgl. zum Eisbergmodell JOHANNING/KLEEBERG/SCHLENGER (2003).

Aufgrund der kurz skizzierten Problematik der Transaktionskosten–Erfassung existiert eine Vereinfachung, die schon in den Anfängen der Portfolio–Theorie (MARKOWITZ (1959)), aber auch in der aktuellen Literatur (zum Beispiel WANG/XIA (2002)) Anwendung findet. Die Transaktionskosten eines Portfolios werden als eine Funktion der betragsmäßigen Veränderung der Portfolio–Zusammensetzung aufgrund einer Umschichtungsentscheidung gegenüber dem ursprünglichen Portfolio (mit dem Gewichtsvektor $\mathbf{w}_0$) angenommen. Um zunächst auf die Transaktionskosten C_i der i–ten Portfolio–Position zu kommen, wird der Betrag der Veränderung des Portfolio–Anteils der jeweiligen Position mit einem positionsspezifischen konstanten Faktor k_i multipliziert:

$$C_i = k_i |w_i - w_{0i}| \,. \tag{3.20}$$

Die Transaktionskosten des Portfolios in Abhängigkeit von den Portfolio–Gewichten $\mathbf{w} = (w_1, w_2, ..., w_n)$ bei gegebenem $\mathbf{k} = (k_1, k_2, ...k_n)$ und $\mathbf{w}_0 = (w_{01}, w_{02}, ..., w_{0n})$ lassen sich als Summe der n einzelnen Transaktionskosten ermitteln:

$$C(\mathbf{w}|\mathbf{k}, \mathbf{w}_0) = \sum_{i=1}^{n} k_i |w_i - w_{0i}| \,. \tag{3.21}$$

Die Verwendung der Betragsfunktion ist dadurch bedingt, dass sowohl Kauf–Positionen ($w_i > w_{0i}$) als auch Verkaufs–Positionen ($w_i < w_{0i}$) Transaktionskosten nach sich ziehen, die als proportional zum Ausmaß der Veränderung der Portfolio–Struktur angenommen werden.

Im Rahmen des Optimierungsansatzes ist das gewogene Mittel der μ_i um $C(\mathbf{w}|\mathbf{k}, \mathbf{w}_0)$ zu reduzieren. Das würde für die zweite Ausprägung des MARKOWITZ–Ansatzes in Form der Maximierung des Ertrages bei gegebenem Risiko zu folgendem Optimierungsansatz führen:

$$\max! \quad Z(\mathbf{w}) = Z(\mathbf{w}|\boldsymbol{\mu}, \mathbf{k}, \mathbf{w}_0) = \sum_{i=1}^{n} w_i \mu_i - \sum_{i=1}^{n} k_i |w_i - w_{0i}| \tag{3.22}$$

$$\text{unter} \quad \mathbf{w}'\Sigma\mathbf{w} = \sigma_0^2 \quad \text{und} \quad \mathbf{w}'\mathbf{1} = 1 \,.$$

3.2.2 Berücksichtigung der Schiefe der Rendite–Verteilung

Grundsätzlich ist davon auszugehen, dass Anleger eine größere Schiefe der Rendite–Verteilung präferieren, da sie bei identischem ersten und zweiten Moment eine größere Wahrscheinlichkeit für hohe Renditen bedeutet.[19] In Abs. 3.1.3 wurde bereits erwähnt, dass durch den Übergang von der Varianz zu den Lower Partial Moments die Schiefe bei der Optimierung berücksichtigt werden kann. Eine andere Möglichkeit ist es natürlich, dieses dritte Zentralmoment der Rendite–Verteilung,

$$\alpha_3 := \mathrm{E}\left([R_P - \mu_P]^3\right) = \mathrm{E}\left([\mathbf{w}'(\mathbf{r} - \boldsymbol{\mu})]^3\right) \ , \tag{3.23}$$

direkt in die Zielfunktion oder als zusätzliche Restriktion in die traditionellen Optimierungsansätze aufzunehmen.

Darüber hinaus haben CHUNHACHINDA et al. (1997) und KONNO/SUZUKI (1995) Optimierungsansätze unter Berücksichtigung der Schiefe entwickelt. Bei dem auf LAI (1991) aufbauenden Ansatz von CHUNHACHINDA et al. (1997) setzt sich die Zielfunktion beispielsweise aus der Summe zweier Abweichungsvariablen d_1 und d_2 zusammen, die je nach subjektiver Präferenz des Anlegers gewichtet werden. Die Abweichungsvariablen betreffen den Erwartungswert und die Schiefe der Portfolio–Rendite–Verteilung, das heißt es werden zwei Ziele simultan in der Zielfunktion berücksichtigt. Die Abweichung ist jeweils definiert als die Differenz des ersten beziehungsweise dritten Moments zu dem Optimum Z^*, das sich bei isolierter Maximierung des jeweiligen Moments ergeben würde. Der individuelle Trade–Off des Anlegers zwischen den konfliktären Zielen Erwartungswert und Schiefe wird durch die nichtnegativen Parameter p_1 und p_2 ausgedrückt. Formal lautet der Ansatz wie folgt:

$$\text{min!} \quad Z(\mathbf{w}) = (d_1)^{p_1} + (d_2)^{p_2} \tag{3.24}$$

[19] Dieser Zusammenhang gilt bei Rechtsschiefe, was für Finanzmarktdaten typisch ist.

$$\begin{aligned} \text{unter} \quad & \mathbf{w}'\boldsymbol{\mu} + d_1 = Z_1^* \,, \\ & \mathrm{E}\left([\mathbf{w}'(\mathbf{r}-\boldsymbol{\mu})]^3\right) + d_2 = Z_2^* \,, \\ & \mathbf{w}'\boldsymbol{\Sigma}\mathbf{w} = \sigma_0^2 \,, \quad \mathbf{w}'\mathbf{1} = 1 \,, \quad d_1, d_2 \geq 0 \,. \end{aligned}$$

In der Literatur ist es umstritten, ob die Notwendigkeit zur Berücksichtigung der Schiefe tatsächlich gegeben ist. So führen einerseits die Untersuchungen von HLAWITSCHKA (1989), KROLL/LEVY/MARKOWITZ (1984) und LEVY/MARKOWITZ (1979) zu dem Ergebnis, dass die Aufnahme der Schiefe aufgrund der guten Resultate bei konsequenter Umsetzung des μ–σ–Prinzips nicht nötig ist. Andererseits weisen SIMKOWITZ/BEEDLES (1978), KRAUS/LITZENBERGER (1976), LEVY/SARNAT (1970) oder ARDITTI (1967, 1971) Vorteile durch die Berücksichtigung des dritten Moments in der Zielfunktion nach. Letztendlich hängt die Antwort auf die Frage der Notwendigkeit der Schiefe–Berücksichtigung von der zugrunde liegenden Rendite–Verteilung ab. Kann bei der Verteilung der Portfolio–Rendite von einer Normalverteilung ausgegangen werden, ist die Aufnahme des dritten Moments nicht nötig. Anderenfalls, wie es sich insbesondere bei der Berücksichtigung von Derivaten im Anlageuniversum ergeben wird, führt die Einbeziehung der Schiefe zu einer besseren Modellierung der zugrunde liegenden Verteilung und damit zu besseren Resultaten. Daher sollten vor der Auswahl eines adäquaten Optimierungsansatzes die Rendite–Verteilungen des Anlageuniversums mittels geeigneter Tests auf Symmetrie überprüft werden, um die Analyse nicht unnötig zu erschweren.

3.2.3 Benchmarkorientierte Optimierung

Die ex–post–Beurteilung von Portfolios findet in der Regel nicht absolut, sondern relativ zu einer Benchmark, das heißt zu einem Vergleichs–Portfolio statt. Dazu können einerseits Performance–Maße wie zum Beispiel das SHARPE–Ratio für die zu beurteilenden Portfolios, inklusive der Benchmark, berechnet und verglichen werden. Andererseits kann auch, wie es in Abs. 2.4 bereits angesprochen wurde, die Benchmark–Rendite in das gewählte Performance–Maß anstelle des Zinses r_f für die risikolose Anlageform integriert werden. Aufgrund dieser Vorgehensweise stellt sich jedoch die Frage, warum ex ante die Allokations–Entscheidung ohne Berücksichtigung eines oder mehrerer Vergleichs–Portfolios erfolgt. Das Ergebnis wäre ein Ansatz der **relativen Portfolio–Optimierung**.

Die zentralen Begriffe der relativen Portfolio–Optimierung sind die *Überschuss–Rendite* und das *Überschuss–Risiko*. Die Überschuss–Rendite R_E (Excess to Benchmark Return) entspricht der Differenz zwischen der Rendite R_P des zu optimierenden Portfolios und der Benchmark–Rendite R_B:

$$R_E := R_P - R_B \, . \tag{3.25}$$

Die erwartete Überschuss–Rendite μ_E gibt demzufolge an, um wieviel die erwartete Portfolio–Rendite μ_P die erwartete Rendite μ_B der Benchmark übersteigt:

$$\mu_E := E[R_E] = E[R_P - R_B] = \mu_P - \mu_B \, . \tag{3.26}$$

Das Überschuss–Risiko σ_E^2 ist definiert als die Varianz der Überschuss–Rendite:

$$\begin{aligned} \sigma_E^2 &:= V[R_E] && \text{(3.27 a)} \\ &= V[R_P - R_B] && \text{(3.27 b)} \\ &= V[R_P] + V[R_B] - 2Cov[R_P, R_B] && \text{(3.27 c)} \\ &= \sigma_P^2 + \sigma_B^2 - 2\sigma_P\sigma_B\rho_{PB} && \text{(3.27 d)} \end{aligned}$$

und ist somit nicht nur von den Einzelrisiken σ_P^2 und σ_B^2 abhängig, sondern auch von der Korrelation ρ_{PB} der Renditen der betrachteten Portfolios. Üblicherweise wird σ_E^2 als *Tracking Error Volatility* und die Standardabweichung $\sigma_E = \sqrt{\sigma_E^2}$ als *Tracking Error* bezeichnet.[20)]

[20)] HWANG/SATCHELL (2003) weisen darauf hin, dass der ex–ante–Tracking–Error auf der Basis der theoretischen Momente nur eine verzerrte Schätzung für den sich aufgrund der empirischen Momente ergebenden ex–post–Tracking–Error ist. Die Begründung ist in der Zufälligkeit der Portfolio–Gewichte zu sehen.

Grundsätzlich können bei der relativen Portfolio–Optimierung verschiedene Modelle formuliert werden. In einem Ansatz von ALBRECHT/MAURER (2002) wird die erwartete Überschuss–Rendite unter der Nebenbedingung maximiert, dass die Portfolio–Varianz der Benchmark–Varianz entspricht:

$$\max! \quad Z(\mathbf{w}) = \mu_E = \mu_P - \mu_B = \mathbf{w}'\boldsymbol{\mu} - \mathbf{w}_B'\boldsymbol{\mu} \tag{3.28}$$

$$\text{unter} \quad \mathbf{w}'\boldsymbol{\Sigma}\mathbf{w} = \sigma_B^2 = \mathbf{w}_B'\boldsymbol{\Sigma}\mathbf{w}_B \qquad \text{und} \quad \mathbf{w}'\mathbf{1} = 1$$

mit $\mathbf{w}_B$ als Vektor der bekannten Gewichte des Benchmark–Portfolios.

Im μ–σ–Raum kann man diese Vorgehensweise so veranschaulichen, dass bei gegebener Benchmark–Varianz respektive –Standardabweichung das dazugehörige Portfolio auf der Effizienzlinie gesucht wird.

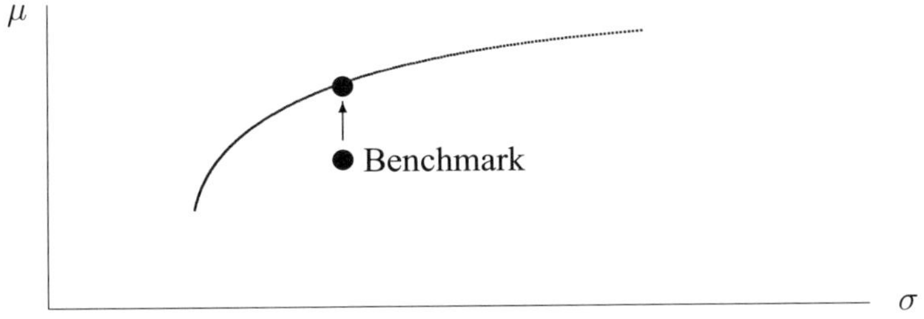

Eine weitere Möglichkeit der Modellformulierung ist in der Minimierung des Überschuss–Risikos für einen gegebenen Erwartungswert $\mu_{E,0}$ der Überschuss–Rendite zu sehen. Dabei wird σ_E^2 in Abhängigkeit vom Vektor $\mathbf{x}' = (x_1, x_2, ..., x_n)$ der so genannten *aktiven Gewichte* dargestellt, die für die jeweilige Portfolio–Position die Abweichung des Gewichts vom Benchmark–Gewicht ($x_i = w_i - w_{i,B}$) angeben. Der beschriebene Optimierungsansatz lautet formal:

$$\min! \quad Z(\mathbf{x}) = \sigma_E^2 = \mathbf{x}'\boldsymbol{\Sigma}\mathbf{x} \quad \text{unter} \quad \mathbf{w}'\boldsymbol{\mu} - \mathbf{w}_B'\boldsymbol{\mu} = \mathbf{x}'\boldsymbol{\mu} = \mu_{E,0}, \quad \mathbf{x}'\mathbf{1} = 0\,. \tag{3.29}$$

Beide bisher genannten relativen Optimierungs–Ansätze sind durch quadratische Zielfunktionen ohne Vorzeichen–Beschränkung der Variablen mit Gleichungen als Restriktionen charakterisiert, so dass der jeweils optimale Gewichtsvektor mittels des gewöhnlichen LAGRANGE–Verfahrens exakt ermittelt werden kann. Der zweite Ansatz unterscheidet sich vom ersten und auch vom klassischen MARKOWITZ–Ansatz dadurch, dass die Optimierung nicht im μ–σ–Raum, sondern im μ_E–σ_E–Raum erfolgt. ROLL (1992) untersuchte, wie das Ergebnis aus der Minimierung des Überschuss–Risikos absolut zu bewerten ist. Dafür übertrug er die Darstellung im μ_E–σ_E–Raum auf den μ–σ–Raum. ROLL stellte fest, dass die MARKOWITZ–Effizienzlinie die „relative Effizienzlinie" dominiert. Anders ausgedrückt führt der relative Ansatz der Tracking–Error–Minimierung zu keinem absolut optimalen Ergebnis, das heißt ohne Berücksichtigung der Benchmark. Aufgrund dieser allgemein akzeptierten Kritik integriert JORION (2002) das Überschuss–Risiko nicht als Zielvariable, sondern als Restriktion in seinem Modell. Durch die weitere Restriktion einer vorgegebenen Portfolio–Varianz erreicht er, dass die Optimierung im μ–σ–Raum stattfindet. Das Ergebnis seiner Untersuchung war, dass eine relative Optimierung nicht adäquat ist, falls die Benchmark weit von der MARKOWITZ–Effizienzlinie entfernt liegt. Es ist also im Vorfeld jedes Portfolio–Selektions–Prozesses wichtig, die Position der Benchmark im μ–σ–Raum zu bestimmen und im Rahmen der Optimierung zu beachten.

Weiterhin schlägt JORION (2002) die Optimierung des Quotienten aus μ_E und σ_E, dem so genannten *Information Ratio (IR)*, vor:

$$IR := \frac{\mu_E}{\sigma_E} = \frac{\mathbf{x}'\boldsymbol{\mu}}{\sqrt{\mathbf{x}'\boldsymbol{\Sigma}\mathbf{x}}} \,. \tag{3.30}$$

Diesen Quotienten gilt es, bei gegebenem Überschuss–Risiko σ_{E0}^2, bei gegebener Portfolio–Varianz σ_{P0}^2 und unter Beachtung der Normierungs–Restriktion zu maximieren:

$$\max! \quad Z(\mathbf{x}) = IR = \frac{\mathbf{x}'\boldsymbol{\mu}}{\sqrt{\mathbf{x}'\boldsymbol{\Sigma}\mathbf{x}}} \tag{3.31}$$

$$\text{unter} \quad \mathbf{x}'\boldsymbol{\Sigma}\mathbf{x} = \sigma_{E0}^2 \,, \quad (\mathbf{w_B} + \mathbf{x})'\boldsymbol{\Sigma}(\mathbf{w_B} + \mathbf{x}) = \sigma_{P0}^2 \,, \quad \mathbf{x}'\mathbf{1} = 0 \,.$$

3.3 Mehrperiodige Betrachtung

Charakteristisch für die Arbeit eines institutionellen Anlegers sind fortlaufende Investitionsentscheidungen. Aus diesem Grund sind dem Portfolio–Selektions–Prozess **Mehrperioden–Analysen** zugrunde zu legen. Zudem macht die Pflicht zur periodischen Erstellung von Jahresabschlüssen, Rechenschafts– oder Performance–Berichten ein mehrperiodiges Denken und Planen dieser Anleger erforderlich. Kern einer solchen Mehrperioden–Analyse ist die Abschätzung der zeitlichen Entwicklung der Anlagealternativen. Auf dieser Grundlage kann überprüft werden, wie sich das in der einperiodigen Optimierung ermittelte Portfolio im Zeitablauf entwickelt. Verschiedene mehrperiodige Szenarios können Aufschluss darüber geben, ob die einperiodige Optimal–Gewichtung auch im Zeitablauf robust ist.[21)] Dazu ist eine intertemporale Ertrags–Risiko–Analyse notwendig, die auf der Basis der Methoden stattfinden kann, die im nachfolgenden Kapitel vier vorgestellt werden.

Die isolierte Betrachtung der Portfolio–Entscheidung im Zeitablauf ist wenig sinnvoll, vielmehr müssen das intertemporale Konsumverhalten des Anlegers und/oder die Entwicklung von Zahlungsverpflichtungen simultan betrachtet werden. Aufgrund der Fülle und Komplexität von veröffentlichten Mehrperioden–Modellen wird an dieser Stelle nur auf weiterführende Literatur verwiesen wie zum Beispiel LI/NG (2000), BRENNAN/SCHWARTZ/LAGNADO (1997) oder OSTERMARK (1991).

Die in diesem dritten Kapitel angesprochenen neueren Aspekte der Portfolio–Optimierung können beliebig kombiniert werden. Mit jedem zusätzlichen Aspekt steigt jedoch die Komplexität des Optimierungsmodells, so dass man sich auf die für die jeweilige Situation wichtigen Aspekte konzentrieren sollte. Ausgewählte Erweiterungen des klassischen Ansatzes werden im Folgenden als *neuere Ansätze* der Portfolio–Optimierung bezeichnet. Im anschließenden Kapitel 4 werden die zeitreihenanalytischen Methoden zur Prognose von Ertrag und Risiko dargestellt und deren Implikationen für den Investitions–Prozess untersucht.

---

21) Vgl. DICHTL/KLEEBERG/SCHLENGER (2003).

Fragen zur Selbsteinschätzung

- Wie können neuere Aspekte der Portfolio–Optimierung klassifiziert werden?
- Welche Risiko–Maße können sinnvoll in der Porfolio–Optimierung berücksichtigt werden?
- Was versteht man unter Safety–First–Ansätzen?
- Was versteht man unter dem Value at Risk und wie kann dieser geschätzt werden?
- Warum sollten Transaktionskosten im Optimierungsansatz berücksichtigt werden und wie kann dieses geschehen?
- Was versteht man unter benchmarkorientierter Optimierung?
- Warum ist eine mehrperiodige Betrachtung im Rahmen der Portfolio–Optimierung ratsam?

4 Prognose von Ertrag und Risiko

Die Güte einer Optimierung ist im Wesentlichen durch die Güte der geschätzten Inputparameter determiniert. Die im zweiten und dritten Kapitel dargestellten Optimierungsansätze hängen von den Erwartungswerten und der Varianz–Kovarianz–Struktur der Renditeströme aller n Portfolio–Positionen ab. Diese theoretischen Momente der Renditeverteilungen können nicht beobachtet werden, sondern sind aus dem vorliegenden Datenmaterial zu schätzen. Verschiedene Möglichkeiten zur Prognose von Ertrag und Risiko, das heißt zur ex–ante–Schätzung der erwarteten Rendite und der Varianz–Kovarianz–Matrix der Renditeströme sind Gegenstand der Abs. 4.1 und 4.2.

4.1 Renditeprognosen

Die Frage der Prognostizierbarkeit von Renditen steht seit Jahren im Mittelpunkt der wissenschaftlichen Diskussion. Letztendlich geht es bei dieser Debatte um die Problematik der Effizienz von Finanzmärkten, die im Abs. 4.1.1 kurz umrissen wird. Zwei Möglichkeiten zur Bestimmung der erwarteten Rendite auf der Basis univariater quantitativer Ansätze werden im Abs. 4.1.2 vorgestellt. Es ist jedoch intuitiv einleuchtend, dass nicht nur die absoluten Renditeerwartungen, sondern vielmehr die relativen Renditeunterschiede über das gesamte Anlageuniversum für die Portfolio–Optimierung relevant sind. Diesem Argument trägt die Anwendung eines multivariaten zeitreihenanalytischen Verfahrens in Form eines vektorautoregressiven (VAR) Modells Rechnung, welches Thema des Abs. 4.1.3 ist.

4.1.1 Effiziente Märkte — Stand der wissenschaftlichen Diskussion

Die Diskussion über Kursverläufe an den Finanzmärkten und der Effizienz dieser Märkte begann bereits mit den Veröffentlichungen von BACHELIER (1900), EINSTEIN (1905) und WIENER (1923).[1)] Diesen frühen Arbeiten wurde gegen Ende der fünfziger Jahre, mit Entwicklung der Computertechnologie, wieder Bedeutung beigemessen. Eine Vielzahl von nachfolgenden empirischen Untersuchungen führte zu dem gemeinsamen Ergebnis, dass Kursverläufe $\{S_t\}$ auf spekulativen Märkten adäquat durch einen gewöhnlichen Random–Walk–Prozess,

$$S_t = S_{t-1} + Z_t, \tag{4.1}$$

modelliert werden können. Dieser Prozess ist durch Zuwächse Z_t charakterisiert, die weißes Rauschen (iid–Variablen) mit Erwartungswert null und einer konstanten Varianz σ_Z^2 darstellen und streng stationär sind. Mit anderen Worten ist die Kursveränderung beziehungsweise Rendite zufällig, das heißt nicht prognostizierbar.

Die Random–Walk–Hypothese ist abzulehnen, wenn Prognosen zukünftiger Renditen auf der Basis eines gegebenen Informationssets möglich sind und somit Überrenditen erzielt werden können. Die mit dieser Frage verbundene *Theorie effizienter Märkte* basiert auf dem grundlegenden Artikel von FAMA (1970), der in Abhängigkeit von dem zugrunde liegenden Informationsset drei Formen der Markteffizienz unterscheidet:

- *Schwache Markteffizienz* liegt vor, wenn die Kurse lediglich alle marktbezogenen Informationen der Vergangenheit widerspiegeln. In diesem Fall können keine Überrenditen nur auf der Basis marktbezogener Informationen erzielt werden.
- Bei der *halbstarken Markteffizienz* werden neben den historischen Kursen alle öffentlich verfügbaren Informationen in die Kursbildung einbezogen. Für Renditeprognosen sind auf halbstark effizienten Märkten Insiderinformationen erforderlich.
- Die *starke Markteffizienz* ist dadurch gekennzeichnet, dass auch Insiderinformationen im Kurs enthalten sind, so dass Renditen nicht prognostizert werden können.

[1)] Vgl. dazu Abs. 2.1.

Diese Abstufung von FAMA abstrahiert von Informations– und Transaktionskosten. Eine alternative Definition haben GROSSMAN/STIGLITZ (1980) geliefert. Demnach ist ein Markt effizient, wenn kein Investor nach Abzug dieser Kosten Überrenditen erzielen kann. Anders formuliert, stellen Überrenditen eine effiziente Form der Vergütung für die korrekte Sammlung und Auswertung von Kapitalmarktinformationen dar.

In der Literatur wurde vielfach überprüft, ob Finanzmärkte effizient sind oder nicht. Bis Mitte der achtziger Jahre herrschte die Meinung vor, dass die Random–Walk–Hypothese nicht abgelehnt werden kann und somit keine Performance–Vorteile durch aktives Portfoliomanagement auf der Basis von Renditeprognosen erwirtschaftet werden können. MERTON (1980) und JORION (1985) haben betont, dass insbesondere die Prognose der erwarteten Rendite mit großen Fehlern behaftet ist, was sich in suboptimalen Portfolio–Gewichten widerspiegelt.

Im Jahre 1989 veröffentlichten FAMA und FRENCH einen Regressionsansatz, in dem Renditen mittels exogener Finanzmarktdaten für verschiedene Fristigkeiten prognostiziert werden. In dieser umfassenden Studie zeigte sich, dass Renditen auf kurze Sicht nur eine geringe, aber auf lange Sicht eine gute Prognostizierbarkeit aufweisen. In der jüngeren Vergangenheit folgten eine Reihe von Untersuchungen, die ebenfalls Hinweise auf ineffiziente Märkte liefern und damit eine grundsätzliche Prognostizierbarkeit von Renditen implizieren.[2)]

Die Debatte ist jedoch bis heute offen. In einer umfangreichen Simulationsstudie von FERSON et al. (2003) konnten die Autoren zeigen, dass einige der veröffentlichten Regressionen zur Prognose von Renditen lediglich Scheinregressionen darstellen. Ebenfalls kritisch äußerte sich BLACK (1993) hinsichtlich der Verfahren, mit denen verschiedene Autoren die Prognostizierbarkeit von Renditen nachzuweisen versuchten. Um allgemeine Tests zur Markteffizienz durchführen zu können, benötigt man neben der Kenntnis des Informationssets auch ein Modell der Preisbildung. Das führt zu dem so genannten *Problem*

---

2) Es seien dazu beispielsweise die Veröffentlichungen von AVRAMOV (2002), PESARAN/TIMMERMANN (2000) und STAMBAUGH (1999) genannt.

der Joint Hypotheses, denn eine Ablehnung der Effizienzhypothese kann auch durch ein nicht adäquates Preisbildungsmodell bedingt sein.[3)]

Fraglich ist zudem, ob eventuell vorhandene Marktineffizienzen von Marktteilnehmern überhaupt in eine entsprechende Outperformance umgewandelt werden. Outperformance setzt zweierlei voraus: Zum einen müssen geeignete Verfahren zur Prognose von Ertrag und Risiko eingesetzt werden, und zum anderen müssen die daraus resultierenden Prognosen effizient in Portfolio–Entscheidungen umgesetzt werden. Anlageerfolge hängen demzufolge nicht nur von dem Ausmaß der Marktineffizienz, sondern auch von der Qualität des Portfoliomanagers ab.

Auf ineffizienten Märkten sind Rendite–Prognosen grundsätzlich möglich. Nach EBERTZ und SCHERER (2002) impliziert die Gültigkeit der Effizienzmarkthypothese im Umkehrschluss jedoch nicht, dass Renditen prinzipiell nicht prognostizierbar sind.[4)] Die Autoren schließen ihre Ausführungen zur Theorie der effizienten Märkte wie folgt:[5)]

> „*Kapitalmarktineffizienz ist also keine 0/1–Beschreibung der Realität. Sie wird immer zu einem bestimmten Grad vorhanden sein. Dem aktiven Manager werden sich auch in Zukunft Möglichkeiten bieten, seine 'Fee' zu verdienen.*"

4.1.2 Univariate Verfahren zur Renditeprognose

Univariate Prognoseverfahren sind dadurch charakterisiert, dass die erwarteten Renditen der Portfolio–Positionen ohne Berücksichtigung von Abhängigkeiten zwischen den Renditeströmen geschätzt werden. In der Literatur werden der so genannte „Historische" Schätzer und der JAMES–STEIN–Schätzer häufig als Vergleichsmaßstab verwendet. Daher findet in diesem Abschnitt eine kurze Darstellung dieser beiden Verfahren statt.

---

3) Vgl. CAMPBELL/LO/MACKINLAY (1997).

4) Diese Aussage wurde durch die Ansätze von PESARAN/TIMMERMANN (1995), EVANS (1994) und HARVEY (1991) begründet.

5) EBERTZ/SCHERER (2002).

4.1.2.1 „Historischer" Schätzer

Zur Punktschätzung von unbekannten Parametern stehen grundsätzlich verschiedene Konstruktionsprinzipien für Schätzfunktionen zur Verfügung, die durch bestimmte Eigenschaften charakterisiert sind. Im Zusammenhang mit der Prognose von Ertrag und Risiko von Portfolios sind insbesondere die Momenten– und Maximum–Likelihood–Schätzung zu nennen.

Die Likelihoodfunktion eines Beobachtungsvektors von Renditen $\mathbf{R}$ eines Anlageobjektes entspricht der gemeinsamen Dichte– oder Wahrscheinlichkeitsfunktion, die bei gegebenem $\mathbf{R}$ als Funktion der Parameterwerte (hier: $\boldsymbol{\mu}$ und $\boldsymbol{\Sigma}$) aufgefasst wird. Als Parameterschätzwerte sind die Werte zu wählen, die am „plausibelsten" sind, das heißt bei denen das Auftreten des vorliegenden Beobachtungsvektors am wahrscheinlichsten ist. Daher werden bei der *Maximum–Likelihood–Methode* die Werte der zu schätzenden Parameter so ausgewählt, dass die Likelihoodfunktion das globale Maximum annimmt. Bei der *Momentenmethode* werden unbekannte theoretische Momente ihren empirischen Gegenstücken gleichgesetzt und dann die Parameter aus den resultierenden Gleichungen geschätzt. Im Falle der Schätzung des Erwartungswertvektors von normalverteilten Zufallsvariablen führen die beiden Methoden zum gleichen Schätzer, der im Folgenden als **Historischer Schätzer** bezeichnet wird.

Sei $\mathbf{R}_t = (R_{1t}, R_{2t}, ..., R_{nt})'$ der Vektor der beobachteten Renditen aller n Portfolio–Positionen zum Zeitpunkt t (mit $t = 1, 2, ..., T$). Unter der Annahme von unabhängig, identisch normalverteilten Vektoren $\mathbf{R}_1, ..., \mathbf{R}_T$ mit Erwartungswertvektor $\boldsymbol{\mu}$ und Varianz–Kovarianz–Matrix $\boldsymbol{\Sigma}$ lautet der Historische Schätzer der erwarteten Renditen:

$$\hat{\boldsymbol{\mu}} = \overline{\mathbf{R}} = \frac{1}{T} \sum_{t=1}^{T} \mathbf{R}_t \,. \tag{4.2}$$

Dieser Schätzer ist normalverteilt, erwartungstreu, konsistent, suffizient und besitzt die kleinste Varianz aller erwartungstreuen Schätzer.[6)]

[6)] Vgl. zu Eigenschaften von Schätzfunktionen zum Beispiel RINNE (2008).

4.1.2.2 JAMES–STEIN–Schätzer

Eine Verbesserung der Ertrags–Prognose — bei unterstellter quadratischer Verlustfunktion wie dem Mean Squared Error — bringt der bayesianische Ansatz von STEIN (1956) beziehungsweise JAMES/STEIN (1961), den JORION (1985) erstmals in der Portfolio–Optimierung angewendet hat. Der JAMES–STEIN–Schätzer $\hat{\boldsymbol{\mu}}_{JS}$ entspricht dem gewogenen Mittel aus Historischem Schätzer $\hat{\boldsymbol{\mu}}$ und einer Prior–Information $\boldsymbol{\mu}_{Prior}$ bezüglich der erwarteten Renditen:

$$\hat{\boldsymbol{\mu}}_{JS} = \hat{\alpha}\hat{\boldsymbol{\mu}} + (1-\hat{\alpha})\boldsymbol{\mu}_{Prior}\,. \tag{4.3}$$

Der Gewichtungsfaktor ist zuvor aus den Daten zu schätzen:[7)]

$$\hat{\alpha} = 1 - \frac{n-2}{T-n-2} \cdot \frac{1}{(\hat{\boldsymbol{\mu}} - \boldsymbol{\mu}_{Prior})'\widehat{\boldsymbol{\Sigma}}^{-1}(\hat{\boldsymbol{\mu}} - \boldsymbol{\mu}_{Prior})}\,. \tag{4.4}$$

In der Literatur wird als Prior häufig die Annahme verwendet, dass alle Aktien identische erwartete Renditen besitzen, was stark vereinfachend ist. Grundsätzlich kann jede Einschätzung der erwarteten Renditen als Prior eingesetzt werden, so auch die Ergebnisse aus anderen Prognoseverfahren, die verfeinert werden sollen. Gleichung (4.4) macht deutlich, dass das Gewicht des Historischen Schätzers zum einen um so größer wird, je größer T ist, das heißt mehr Daten kompensieren „falsche“ Prior–Werte. Zum anderen nimmt das Gewicht von $\hat{\boldsymbol{\mu}}$ mit wachsender quadratischer Abweichung $(\hat{\boldsymbol{\mu}} - \boldsymbol{\mu}_{Prior})'\widehat{\boldsymbol{\Sigma}}^{-1}(\hat{\boldsymbol{\mu}} - \boldsymbol{\mu}_{Prior})$ zu.

Die Untersuchung von KEMPF/MEMMEL (2003) hat gezeigt, dass sowohl die Historische Schätzung als auch die JAMES–STEIN–Schätzung des Portfolio–Ertrages mit hohen Fehlern behaftet sind. Die Auswirkungen dieser Schätzfehler wurden in den Studien von KEMPF/MEMMEL (2002) oder CHOPRA/ZIEMBA (1993).

[7)] Für den mit Wahrscheinlichkeit null auftretenden Fall, dass $\hat{\boldsymbol{\mu}} = \boldsymbol{\mu}_{Prior}$ gilt, ist $\boldsymbol{\mu}_{JS} = \hat{\boldsymbol{\mu}} = \boldsymbol{\mu}_{Prior}$ zu setzen.

Dabei zeigte sich die Problematik einer extrem hohen Renditesensitivität der Portfoliogewichtung, das heißt schon geringe Veränderungen in den prognostizierten Renditen führen zu großen Portfolio–Umschichtungen. Eine mögliche Lösung dieses Problems ist die Verbesserung der Prognosequalität durch die Wahl eines multivariaten Prognoseverfahrens anstelle der beschriebenen univariaten Ansätze.

4.1.3 Bayesianisches VAR–Modell zur Renditeprognose

In der Regel bestehen zwischen den Renditeströmen ausgeprägte Abhängigkeiten, so dass die Prognose auf der Basis eines multivariaten Ansatzes erfolgen sollte. In diesem Abschnitt wird das Bayesianische VAR–Modell als ein weit verbreitetes Instrument der multivariaten Zeitreihenanalyse zur Prognose interdependenter Systeme vorgestellt.

Ein vektorautoregressives Modell will — zunächst ganz allgemein — n Variablen durch eine lineare Kombination von p verzögerten Werten derselben n Variablen erklären. Im Gegensatz zu den traditionellen ökonometrischen Strukturmodellen werden in VAR–Modellen alle Variablen als endogen aufgefasst, also als durch das Modell und seine Komponenten erklärt und beeinflusst. Außerdem unterliegen sie nicht solchen Restriktionen, die gewisse Variablen und deren Verzögerungen aus einzelnen Gleichungen von vornherein ausschließen. Wie in linearen Modellen üblich, wird in jeder Gleichung auch eine additive Konstante zugelassen. Und weil man nicht erwarten kann, dass tatsächlich beobachtete Werte für alle Zeitpunkte oder Zeitperioden t exakt die linearen Beziehungen erfüllen, enthält jede Gleichung eine Störgröße, die jedoch quantitativ nicht allzu erheblich oder systematisch ausfallen sollte.

Beim modellgebundenen Arbeiten sind stets Modellannahmen zu treffen. Diese sind häufig Angriffspunkte für Kritik. VAR–Modelle zeichnen sich nun dadurch aus, dass sie relativ wenige Annahmen erfordern. Zu nennen sind sicherlich die Linearität des Ansatzes, die Einschränkung durch die Auswahl der Variablen und deren maximaler Verzögerung p, die im Einzelfall durch den Sachverstand des Spezialisten festzulegen sind.

Die strukturelle Freizügigkeit der VAR–Modelle hat unter anderem ihren Preis in der Aufwändigkeit der Darstellung. Betrachtet seien zunächst die Beziehungen für eine bestimmte Periode t. Bezeichnet man die Werte der n Variablen $R_1, \ldots, R_n$ — gemessen in der Periode $t-k$ (für $k=0,1,\ldots,p$) — mit $R_{1,t-k}, \ldots, R_{n,t-k}$, dann besteht das VAR–Modell in seiner Standardform für die Periode t aus dem folgenden Gleichungssystem:

$$\begin{aligned} R_{1,t} &= \beta_1 + \beta_{11}^1 R_{1,t-1} + \cdots + \beta_{n1}^1 R_{n,t-1} + \cdots + \beta_{11}^p R_{1,t-p} + \cdots + \beta_{n1}^p R_{n,t-p} \\ &\quad + u_{1,t} \\ &\vdots \\ R_{n,t} &= \beta_n + \beta_{1n}^1 R_{1,t-1} + \cdots + \beta_{nn}^1 R_{n,t-1} + \cdots + \beta_{1n}^p R_{1,t-p} + \cdots + \beta_{nn}^p R_{n,t-p} \\ &\quad + u_{n,t} \,. \end{aligned} \tag{4.5}$$

Die β_j bezeichnen die Konstanten, die für $E[R_{j,t}] \neq 0$ verantwortlich sind, und β_{ij}^k den Koeffizienten der k–ten Verzögerung der i–ten Variablen in der j–ten Gleichung. Diese Parameter gilt es zu schätzen. Die $u_{j,t}$ stellen die Störgrößen dar, die je Gleichung als im Zeitablauf unabhängige und identisch normalverteilte Zufallsvariablen mit Erwartungswert null modelliert werden. Die Störgrößen ein und derselben Periode in den verschiedenen Gleichungen können jedoch korrelieren, so dass der Vektor $\mathbf{u}_t$ der Störgrößen der Periode t adäquat durch eine n–dimensionale Normalverteilung mit dem Erwartungswertvektor $\mathbf{0}$ und der zeitinvarianten Kovarianzmatrix $\mathbf{\Sigma}$ repräsentiert wird: $\mathbf{u}_t \sim N(\mathbf{0}, \mathbf{\Sigma})$.[8] Diese Zufallsvektoren sind für verschiedene Perioden jedoch unabhängig und identisch verteilt. Mit den n-elementigen Zeilenvektoren

$$\begin{aligned} \mathbf{R}_t' &= (R_{1,t}, R_{2,t}, \ldots, R_{n,t}) \\ \mathbf{b}_0' &= (\beta_1, \beta_2, \ldots, \beta_n) \\ \mathbf{u}_t' &= (u_{1,t}, u_{2,t}, \ldots, u_{n,t}) \end{aligned} \tag{4.6}$$

[8] Die $n(n+1)/2$ Parameter σ_{ij} in $\mathbf{\Sigma}$ sind ebenfalls zu schätzen.

und den $(n \times n)$–Matrizen

$$\mathbf{B}_k = \begin{pmatrix} \beta_{11}^k & \dots & \beta_{1n}^k \\ \vdots & \ddots & \vdots \\ \beta_{n1}^k & \dots & \beta_{nn}^k \end{pmatrix}, \quad k = 1, \dots, p, \tag{4.7}$$

kann das obige VAR–Modell kompakter geschrieben werden:

$$\mathbf{R}_t' = \mathbf{b}_0' + \mathbf{R}_{t-1}'\mathbf{B}_1 + \cdots + \mathbf{R}_{t-p}'\mathbf{B}_p + \mathbf{u}_t' \quad = \quad \mathbf{x}_t'\mathbf{B} + \mathbf{u}_t' \,, \tag{4.8}$$

wobei $\mathbf{x}_t'$ und $\mathbf{B}$ nochmals Zusammenfassungen darstellen,

$$\mathbf{x}_t' = (1, \mathbf{R}_{t-1}', \dots, \mathbf{R}_{t-p}') \qquad \mathbf{B} = \begin{pmatrix} \mathbf{b}_0' \\ \mathbf{B}_1 \\ \vdots \\ \mathbf{B}_p \end{pmatrix} . \tag{4.9}$$

Wenn man die Zeilenvektoren der linken Gleichungsseite in (4.8) für $t = 1, \dots, T$ untereinander schreibt und zu der $(T \times n)$–Matrix $\widetilde{\mathbf{R}}$ zusammenfasst und ebenso die $\mathbf{x}_t'$ zur $(T \times (np + 1))$–Matrix $\mathbf{X}$ und die $\mathbf{u}_t'$ zur $(T \times n)$–Matrix $\mathbf{U}$, dann lässt sich das VAR–Modell für alle Perioden als Matrix–Gleichung schreiben:

$$\widetilde{\mathbf{R}} = \mathbf{X}\mathbf{B} + \mathbf{U} \,. \tag{4.10}$$

Die klassische Schätztechnik für lineare Modelle ist die Maximum-Likelihood-Methode,[9] die viele Vorzüge hat, jedoch bei Modellen mit vielen Parametern zu einer sehr flachen Likelihood–Funktion führt. Dadurch ist kein konkreter Parametervektor erheblich besser als alle anderen, und die Standardfehler der Parameterschätzungen werden groß. Rein

[9] Eigentlich findet hier die OLS–Methode Anwendung, die jedoch wegen der Normalität zur Maximum–Likelihood–Schätzung wird.

numerisch ist es ebenfalls schwierig, das Maximum einer flachen Funktion in einem hochdimensionalen Raum zu finden. Um die Schätzqualität zu verbessern, versucht man, vorsichtig formulierte Vorstellungen über die Parameter in die Schätzung einfließen zu lassen. Diese Vorstellungen können als Lage– und Streuungsangaben für die Parameter manifestiert werden, die nunmehr als Zufallsvariablen aufgefasst werden. Die Verknüpfung dieser *Prior–Information* über die Parameter mit der Stichproben–Information der Daten durch die Bayes–Formel führt schließlich zu einem *Bayesianischen VAR–Modell.*[10)]

Die eingeführte Methode stellt eine attraktive und — durch den bayesianischen Ansatz — praktikable Möglichkeit der Prognose interdependenter Systeme dar. In einer empirischen Studie von GOHOUT/SPECHT (2007) erweist sich das Bayesianische VAR–Modell als geeignetes Instrument, um die Renditen der hochgradig korrelierten DAX–Aktien durch sich selbst zu erklären.

4.2 Prognose der Varianz–Kovarianz–Matrix

Neben der Schätzung der erwarteten Renditen ist die Prognose der Varianz–Kovarianz–Matrix der Renditeströme eine wesentliche Aufgabe im Rahmen des Portfolio–Optimierungsprozesses. Unumstritten ist, dass die Risiko–Prognose auf der Basis historischer Daten weniger problematisch ist als die Ertrags–Prognose. Es hat jedoch MARKOWITZ (1952) bereits die Sensitivität der Optimierungsergebnisse gegenüber der Varianz–Kovarianz–Matrix betont, was durch Untersuchungen von POJARLIEV/POLASEK (2001) und KLEEBERG (1995) empirisch bestätigt wurde. Bei den zur Verfügung stehenden Schätzmethoden ist grundsätzlich zwischen zeitunabhängigen (Abs. 4.2.1) und zeitabhängigen Ansätzen (Abs. 4.2.2) zu unterscheiden.

Weltweit ist an den Finanzmärkten das Phänomen der zeitlichen Häufung von starken beziehungsweise schwachen Renditeausschlägen — den so genannten *Volatilitätsclustern* — zu beobachten, was die Notwendigkeit einer zeitvariablen Modellierung der Varianz impliziert. Zu diesem Zweck entwickelte ENGLE das 1982 veröffentlichte ***A**utoregressive–**C**onditional–**H**eteroskedasticity–Modell* (kurz: ARCH–Modell), für das

[10)] Vgl. zur weiteren Methodik und Schätzung GOHOUT/SPECHT (2007).

er im Jahr 2003 mit dem Nobelpreis für Wirtschaftswissenschaften ausgezeichnet wurde. Es folgte eine Flut von Erweiterungen des ARCH–Modells, von denen ausgewählte im Abs. 4.2.2.1 kurz dargestellt werden. Neben den zeitvariablen Varianzen der Renditen sind auch zeitvariable Kovarianzen zwischen den Renditeströmen festzustellen,[11)] was zu einer Ausdehnung des ARCH–Konzeptes auf multivariate Modelle führte (Abs. 4.2.2.2). Diese Erweiterung bringt jedoch häufig große numerische Probleme mit sich.

Trotz der Notwendigkeit einer zeitvariablen Modellierung der Varianz–Kovarianz–Matrix werden insbesondere in der Bankpraxis häufig noch die deutlich weniger komplexen zeitunabhängigen Schätzverfahren eingesetzt. Zudem werden diese Verfahren — wie auch die univariaten Verfahren der Ertrags–Prognose — häufig als „Benchmark" verwendet. Aus diesem Grund werden nachfolgend den zeitabhängigen Modellierungsverfahren zwei einfache, aber weit verbreitete Ansätze der zeitunabhängigen Modellierung der Varianz–Kovarianz–Matrix vorangestellt.

4.2.1 Zeitunabhängige Modellierung der Varianz–Kovarianz–Matrix

Im Abs. 4.1.2 wurden der Historische Schätzer und der JAMES–STEIN–Schätzer als univariate Verfahren zur Ertrags–Prognose beschrieben. Beide Ansätze können entsprechend zur Prognose des zweiten Moments der mehrdimensionalen Renditeverteilung — der Varianz–Kovarianz–Matrix — herangezogen werden, wobei der JAMES–STEIN–Ansatz von LEDOIT/WOLF (2003) auf die Varianz–Kovarianz–Matrix übertragen wurde.

4.2.1.1 „Historischer" Schätzer

Analog zu dem im Abs. 4.1.2.1 beschriebenen Schätzer kann auch die Varianz–Kovarianz–Matrix durch das entsprechende empirische Moment geschätzt werden. Sei $\mathbf{R}_t = (R_{1t}, R_{2t}, ..., R_{nt})'$ wie gehabt der Vektor der Renditen aller n Portfolio–Positionen zum Zeitpunkt t (mit $t = 1, 2, ..., T$). Dann lautet, unter der Annahme von unabhängig, iden-

11) Vgl. dazu beispielsweise die empirischen Untersuchungen von FERSON/HARVEY (1997), SOLNIK/BOUCRELLE/LE FUR (1996) und HARVEY (1991).

tisch normalverteilten Vektoren $\mathbf{R}_1, ..., \mathbf{R}_T$ mit $\boldsymbol{\mu}$ und Σ, der asymptotisch normalverteilte Historische Schätzer der Varianz–Kovarianz–Matrix:

$$\widehat{\boldsymbol{\Sigma}} = \frac{1}{T-1} \sum_{t=1}^{T} (\mathbf{R}_t - \overline{\mathbf{R}})(\mathbf{R}_t - \overline{\mathbf{R}})' \qquad \text{mit} \quad \overline{\mathbf{R}} = \frac{1}{T} \sum_{t=1}^{T} \mathbf{R}_t \,. \tag{4.11}$$

Die Historischen Ertrags– und Risiko–Schätzer haben jedoch auch Vorteile. Da ist zunächst die Einfachheit der Berechnung zu nennen, was große Relevanz im bankpraktischen Alltag hat. Zudem ist es in der jüngeren Literatur gelungen, auf der Basis der Historischen Schätzer Verteilungsaussagen bezüglich der optimalen Gewichtsvektoren abzuleiten. DICKINSON (1974) bestimmte zunächst die unbedingte Verteilung der Portfolio–Gewichte im Zwei–Positionen–Fall, was OKHRIN/SCHMID (2006) auf Portfolios mit n Positionen für alle traditionellen Optimierungsansätze erweitert haben. Die insbesondere für die Klein–Stichproben–Inferenz relevanten bedingten Verteilungsaussagen der Gewichte leiten KEMPF/MEMMEL (2003) mittels eines Regressionsansatzes, anstelle des LAGRANGE–Ansatzes, zur Bestimmung der optimalen Portfolio–Gewichte ab.

Durch diese Erkenntnisse wird es möglich, Intervallschätzungen der Gewichte oder statistische Tests durchzuführen. Auf der Grundlage einer bekannten Verteilung der Portfolio–Gewichte kann nach KEMPF/MEMMEL (2003) ein Investor zudem entscheiden, ob das Portfolio–Risiko durch Aufnahme weiterer Assets signifikant reduziert werden kann. Die Ableitung von Verteilungsaussagen für die optimalen Gewichte auf der Basis der Historischen Schätzer ist bereits sehr komplex, so dass entsprechende Aussagen für neuere Prognoseverfahren utopisch erscheinen.

4.2.1.2 LEDOIT–WOLF–Schätzer

Der JAMES–STEIN–Schätzer zur Ertrags–Prognose wurde zuerst von FROST/SAVARINO (1986) auf die Risiko–Prognose übertragen. Dieser Ansatz liefert jedoch keine explizite Darstellung des optimalen Gewichtsvektors, so dass die Umsetzung rechentechnisch aufwändig ist.[12)] Einen einfacher zu implementierenden Schätzer der Varianz–Kovarianz–Matrix, der genau der Struktur des JAMES–STEIN–Schätzers in (4.3) entspricht, entwickelten LEDOIT/WOLF (2003):

$$\widehat{\Sigma}_{JS} = \hat{\beta}\widehat{\Sigma} + (1 - \hat{\beta})\Sigma_{Prior} . \tag{4.12}$$

Die Matrix Σ_{Prior} enthält Vorinformationen bezüglich der Varianz–Kovarianz–Struktur der Renditeströme im Portfolio, und $\widehat{\Sigma}$ entspricht dem Historischen Schätzer. Der Gewichtsfaktor $\hat{\beta}$ ist wiederum zu schätzen, wobei $tr(\cdot)$ die Spur einer Matrix bezeichnet und $\hat{\sigma}_i^2, \hat{\sigma}_j^2$ sowie $\hat{\sigma}_{ij}$ die skalaren Elemente von $\hat{\Sigma}$ sind:

$$\hat{\beta} = \frac{tr((\Sigma_{Prior} - \widehat{\Sigma})^2)}{tr((\Sigma_{Prior} - \widehat{\Sigma})^2) + \frac{1}{T}\sum_{i=1}^{n}\sum_{j=1}^{n}(\hat{\sigma}_{ij}^2 + \hat{\sigma}_i^2\hat{\sigma}_j^2)} . \tag{4.13}$$

LEDOIT (1994) machte deutlich, dass die JAMES–STEIN–Schätzung bei geringer Anzahl n von Assets im Portfolio wenig Vorteile gegenüber dem Historischen Schätzer bringt. Er gibt $n \geq 30$ als die Grenze an, ab der die JAMES–STEIN–Schätzung spürbar bessere Ergebnisse hinsichtlich einer quadratischen Verlustfunktion liefert.

4.2.2 Zeitabhängige Modellierung der Varianz–Kovarianz–Matrix

Die Entwicklungen an den Finanzmärkten in den letzten Dekaden haben zu der Notwendigkeit einer zeitabhängigen Modellierung der Varianz–Kovarianz–Matrix geführt.[13)] Neben den in diesem Abschnitt dargestellten Ansätzen seien noch die gleitende Durchschnittsbildung und die exponentielle Glättung als weitere zeitabhängige Modellierungs–Verfahren genannt. Beide Methoden werden bis heute regelmäßig in der Bankpraxis und in finanzwirtschaftlichen Abteilungen großer Industrieunternehmen angewendet. Dort

12) Vgl. KEMPF/MEMMEL (2003).

13) Vgl. zu diesem Abschnitt SPECHT (2000).

setzen sich die neueren Volatilitätsmodelle erst allmählich durch. Beide Verfahren weisen jedoch den schwerwiegenden theoretischen Mangel auf, dass sie zu einer geschätzten Kovarianzmatrix führen können, die nicht positiv semidefinit ist und/oder einen Rangabfall[14)] aufweist. Für viele nachfolgende Analysen sind diese beiden Eigenschaften, Positiv–Definitheit und voller Rang, der geschätzten Kovarianzmatrix jedoch unabdingbar. Sowohl zur gleitenden Durchschnittsbildung als auch zur exponentiellen Glättung ist zudem kritisch anzumerken, dass sie die für Finanzdaten charakteristische Leptokurtosis der Renditeverteilung und die auftretenden Volatilitätscluster nicht berücksichtigen. Aus diesem Grund findet im Folgenden nur die Darstellung der neueren Modelle zur Beschreibung der zeitvariablen Volatilität (Abs. 4.2.2.1) und der zeitvariablen Korrelation (Abs. 4.2.2.2) statt.

4.2.2.1 ARCH– und GARCH–Modell

In diesem Abschnitt werden die beiden Grundmodelle der Volatilitätsanalyse — das ARCH– und das GARCH–Modell — vorgestellt. Bei dem **ARCH–Modell** von ENGLE (1982) ist, im Gegensatz zur klassischen Zeitreihenanalyse, nicht die Modellierung des Mittelwertes der Renditen von Interesse, sondern die Modellierung der Varianz der Störung. Durch das Akronym ARCH kommt zum Ausdruck, dass die bedingte Varianz eines ARCH–Prozesses von den vergangenen Realisationen des Prozesses selbst abhängt.

Das ARCH–Modell der Ordnung p (kurz: ARCH[p]–Modell) unterstellt Residuen[15)] u_t der Renditen R_t mit dem bedingten Erwartungswert null und der bedingten Varianz

---

14) Bei einer $(n \times n)$–Matrix mit Rangabfall sind die n Zeilen– beziehungsweise Spaltenvektoren linear abhängig. Die Matrix heißt von vollem Rang, wenn alle Zeilen– beziehungsweise Spaltenvektoren linear unabhängig sind.

15) Die Residuen ergeben sich aus der Differenz der Renditen und deren bedingten Erwartungswerten: $u_t = R_t - E[R_t|\Omega_{t-1}]$. Die bedingten Erwartungswerte sind in der Regel nahe null, so dass die Renditen und deren Residuen nahezu identisch sind.

$$h_t = V[u_t|\Omega_{t-1}] = \kappa + \sum_{i=1}^{p} \alpha_i \cdot u_{t-i}^2 \tag{4.14}$$

mit $\kappa > 0,\ \alpha_i \geq 0$, wobei Ω_{t-1} die durch $u_1, u_2, ..., u_{t-1}$ erzeugte σ–Algebra darstellt.

ENGLE führte das ARCH–Modell zunächst ohne Verteilungsannahme für die Residuen ein. Da für die anschließende Maximum–Likelihood–Schätzung der unbekannten Parameter jedoch eine Annahme bezüglich der Verteilung erforderlich ist, greift er auf die übliche, aber nicht unproblematische Normalverteilungsannahme zurück. Demzufolge ergeben sich die normalverteilten bedingten Residuen

$$u_t|\Omega_{t-1} \sim N(0, h_t) \tag{4.15}$$

aus der rekursiven Beziehung

$$u_t = \varepsilon_t \cdot \sqrt{h_t} \qquad \text{mit } \varepsilon_t \sim N(0,1) \tag{4.16 a}$$

$$= \varepsilon_t \cdot \sqrt{\kappa + \sum_{i=1}^{p} \alpha_i \cdot u_{t-i}^2}\ . \tag{4.16 b}$$

Für den einfachsten Fall des ARCH[1]–Modells lautet die notwendige und hinreichende Bedingung für die Existenz des $2r$–ten (unbedingten) Moments:[16)]

$$\alpha_1^r \prod_{j=1}^{r} (2j-1) < 1\ . \tag{4.17}$$

Von besonderem Interesse ist die Existenz des zweiten unbedingten Moments, das heißt die Bedingung $\alpha_1 < 1$, die die Varianzstationarität des zugrunde liegenden Prozesses gewährleistet.

16) Vgl. ENGLE (1982, S. 992 und 1004f.), wobei ein *unendlich alter* Prozess vorausgesetzt wird. Die ungeraden Momente sind aus Symmetriegründen sämtlich null.

Viele empirische Anwendungen von ARCH–Modellen auf finanzwirtschaftliche Zeitreihen führten zu dem Ergebnis, dass zur adäquaten Modellierung der Volatilität eine hohe Ordnung p der ARCH–Modelle erforderlich wäre. Um dem von BOX und JENKINS postulierten Prinzip der Sparsamkeit bei der Modellbildung gerecht zu werden, führte BOLLERSLEV (1986) das GARCH–Modell als wesentliche Erweiterung des ARCH–Modells ein.

Das **GARCH[p, q]–Modell** ist dadurch charakterisiert, dass die bedingte Varianz der Residuen außer von den verzögerten quadrierten Residuen auch von den bedingten Varianzen der Vorperioden abhängt:

$$h_t = \kappa + \sum_{i=1}^{p} \alpha_i \cdot u_{t-i}^2 + \sum_{j=1}^{q} \beta_j \cdot h_{t-j} \tag{4.18}$$

$$\text{mit} \quad \kappa > 0,\ \alpha_i \geq 0,\ \ \beta_j \geq 0\ .$$

Besonders interessant ist bei diesem Ansatz die Interpretation der Parameter. So bestimmt bei einem GARCH[1,1]–Modell der Parameter α_1 das Ausmaß der unmittelbaren Reaktion auf „Neuigkeiten" u_{t-1}, und β_1 beschreibt die Dauer des Abklingens der Wirkung. Bei Schätzungen der Volatilität von Finanzmarktdaten weisen die Schätzwerte $\hat{\beta}_j$, in Übereinstimmung mit der Beobachtung von Volatilitätsclustern, meist deutlich höhere Werte auf als die Schätzwerte $\hat{\alpha}_i$.

Ein GARCH[p, q]–Prozess ist stationär, wenn die Bedingung

$$\sum_{i=1}^{p} \alpha_i + \sum_{j=1}^{q} \beta_j < 1 \tag{4.19}$$

erfüllt ist.[17] Falls die Summe der Parameter eins ergibt, liegt ein ***Integrated–GARCH–*** *Modell* (kurz: **IGARCH[p, q]**–Modell) vor, das durch eine unendliche Varianz gekennzeichnet ist.

[17] Vgl. GOURIÉROUX (1997).

4.2.2.2 Multivariates GARCH–Modell

In einem *Multivariaten GARCH–Modell* werden zum Zeitpunkt t (mit $t = 1, 2, ..., T$) insgesamt n verschiedene Renditeströme beziehungsweise deren Residuen $\mathbf{u}_t = (u_{1t}, u_{2t}, ..., u_{nt})$ betrachtet, die bedingt multivariat normalverteilt sind mit dem Nullvektor als Erwartungswertvektor und der Varianz–Kovarianz–Matrix[18)]

$$\mathbf{H_t} = \begin{pmatrix} h_{11,t} & h_{12,t} & \dots & h_{1n,t} \\ h_{21,t} & h_{22,t} & \dots & h_{2n,t} \\ \vdots & \vdots & \ddots & \vdots \\ h_{n1,t} & h_{n2,t} & \dots & h_{nn,t} \end{pmatrix} . \tag{4.20}$$

Dabei gibt $h_{ij,t} = h_{ji,t}$ die bedingte Kovarianz von u_{it} und u_{jt} an, und $h_{ii,t}$ beschreibt die bedingte Varianz von u_{it}. In der Literatur wird zur Darstellung multivariater Modelle häufig der $vech$–Operator eingeführt, der eine symmetrische Matrix in einen Vektor transformiert. Dazu werden die Spalten der unteren Dreiecksmatrix der Reihe nach untereinander gehängt. Bei dieser Transformation gehen nur die Elemente verloren, deren Informationen redundant sind. Der Vektor $vech(\mathbf{H_t})$ stellt sich in einem Multivariaten GARCH[p, q]–Modell, analog zu Gleichung (4.18), folgendermaßen dar:

$$vech(\mathbf{H_t}) = vech(\mathbf{K}) + \sum_{i=1}^{p} \mathbf{A_i} \cdot vech(\mathbf{u_{t-i}u'_{t-i}}) + \sum_{j=1}^{q} \mathbf{B_j} \cdot vech(\mathbf{H_{t-j}}) . \tag{4.21}$$

Speziell für $p = q = 1$ gilt im bivariaten Fall ($n = 2$)

$$vech(\mathbf{H_t}) = \begin{pmatrix} h_{11,t} \\ h_{12,t} \\ h_{22,t} \end{pmatrix} = \begin{pmatrix} \kappa_1 \\ \kappa_2 \\ \kappa_3 \end{pmatrix} + \begin{pmatrix} \alpha_{11} & \alpha_{12} & \alpha_{13} \\ \alpha_{21} & \alpha_{22} & \alpha_{23} \\ \alpha_{31} & \alpha_{32} & \alpha_{33} \end{pmatrix} \begin{pmatrix} u^2_{1,t-1} \\ u_{1,t-1} \cdot u_{2,t-1} \\ u^2_{2,t-1} \end{pmatrix}$$
$$+ \begin{pmatrix} \beta_{11} & \beta_{12} & \beta_{13} \\ \beta_{21} & \beta_{22} & \beta_{23} \\ \beta_{31} & \beta_{32} & \beta_{33} \end{pmatrix} \begin{pmatrix} h_{11,t-1} \\ h_{12,t-1} \\ h_{22,t-1} \end{pmatrix} . \tag{4.22}$$

---

18) Vgl. zu den Gleichungen (4.21) bis (4.23) ENGLE/KRONER (1995, S. 124ff.).

Die Anzahl der zu schätzenden Parameter in einem Multivariaten GARCH[p, q]–Modell lautet allgemein

$$N := \frac{n(n+1)}{2} + (p+q) \cdot \left[\frac{n(n+1)}{2}\right]^2, \tag{4.23}$$

das heißt, in dem Modell aus (4.22) sind 21 Parameter zu schätzen. Die folgende Tabelle zeigt, dass sich bereits bei $p = q = 1$ die Anzahl der Parameter sehr schnell mit n erhöht, was meist mit erheblichen numerischen Problemen bei der simultanen Schätzung verbunden ist oder eine Schätzung sogar unmöglich macht, wenn $N \geq T$.

N	n			
	2	3	4	10
$\frac{n(n+1)}{2} + 2 \cdot \left[\frac{n(n+1)}{2}\right]^2$	21	78	210	6.105

Bei der Anwendung eines Multivariaten GARCH–Modells kann sich zudem das Problem ergeben, dass die Schätzung nicht immer zu positiv–semidefiniten Varianz–Kovarianz–Matrizen führt. Da die Positiv–Semidefinitheit einer Matrix die adäquate multivariate Verallgemeinerung der Nichtnegativität eines Skalars darstellt, kann es bei der empirischen Arbeit mit nicht–positiv–semidefiniten Kovarianzschätzungen zu beliebigen Absurditäten kommen. ENGLE und KRONER (1995) führten das *BEKK–GARCH–Modell* ein, das eine in jedem Fall positiv–semidefinite Varianz–Kovarianz–Matrix und eine sparsamere Parametrisierung verspricht.[19] Ein spezielles BEKK–GARCH–Modell ist das im Jahr 1990 von ENGLE, NG und ROTHSCHILD veröffentlichte *Faktor–GARCH–Modell*. Der Artikel von BAUWENS/LAURENT/ROMBOUTS (2003) liefert einen weitreichenden Überblick über multivariate GARCH–Modelle.

[19] Das Akronym BEKK setzt sich aus den Anfangsbuchstaben der Urheber dieser Parametrisierung BABA, ENGLE, KRONER, KRAFT zusammen.

Im Zusammenhang mit der Portfolio–Selektion haben POJARLIEV/POLASEK (2003) und FLAVIN/WICKENS (2003, 1998) das BEKK–Modell zur Schätzung der zeitvariablen Varianz–Kovarianz–Struktur des Portfolios verwendet. Dabei haben diese Autoren Portfolios mit nur drei Anlagealternativen gewählt. Bei höherdimensionierten Portfolios würde dieses Verfahren zu großen numerischen Problemen führen. LEDOIT/SANTA–CLARA/WOLF (2003) ist es mit ihrem *Flexible–Multivariate–GARCH–Modell* gelungen, eine Vereinfachung des Ansatzes und damit ein leichter umzusetzendes Verfahren zu liefern. Aber auch dieses Verfahren gelangt schnell an seine „numerischen Grenzen", so dass die Anwendung in der Bankpraxis kaum möglich ist. Aus diesem Grund haben SPECHT/GOHOUT (2003) zur Prognose des Risikos eines Portfolios mit einer Vielzahl von Assets einen Hauptkomponentenansatz in Verbindung mit einem univariaten Modell aus der ARCH–Familie gewählt.

Fragen zur Selbsteinschätzung

- Welche Rolle spielt die Prognose von Ertrag und Risiko im Rahmen des modernen Portfoliomanagements?
- Welche Formen der Markteffizienz sind zu unterscheiden?
- Was versteht man unter dem „Historischen" Renditeschätzer?
- Was ist die Motivation für multivariate Verfahren zur Renditeprognose?
- Was ist der Unterschied zwischen univariater und multivariater Schätzung der Varianz–Kovarianz–Matrix?
- Was versteht man unter dem „Historischen" Schätzer der Varianz–Kovarianz–Matrix?
- Wie sind die Grundmodelle der Volatilitätsanalyse motiviert?
- Was ist der wesentliche Unterschied zwischen ARCH– und GARCH–Modellen?

5 Preisbildung auf Kapitalmärkten: Gleichgewichtsmodelle

Im Rahmen der in den Kapiteln 2 und 3 dargestellten Methoden der Portfolio–Optimierung ging es um Entscheidungen von einzelnen Marktteilnehmern – individuelle Anleger oder Institutionen – auf den Kapitalmärkten. In diesem Kapitel gehen wir von den individuellen Portfolioansätzen zu den Marktgleichgewichtsmodellen über, was im Wesentlichen durch die zusätzliche Annahme von gleichen Erwartungen der Menge aller Anleger möglich wird. Das Mitte der 60er Jahre entwickelte *Capital Asset Pricing Model* (kurz: CAPM) wie auch die 1976 von ROSS veröffentlichte *Arbitrage Pricing Theory* (kurz: APT) basieren auf der im Kapitel 2 eingeführten Ertrags–Risiko–Welt, deren Schätzungsmethoden im vierten Kapitel ausgeführt wurden. Beide Gleichgewichtsmodelle haben zum Ziel, die Preisbildung auf den Kapitalmärkten sowie den Zusammenhang von Ertrag und Risiko zu erklären. Dieses Ergebnis hat dann wiederum große Relevanz für die Portfolio–Optimierung.

Im nachfolgenden Abschnitt 5.1 wird das CAPM–Standardmodell eingeführt, welches den Ertrag von effizienten und nicht effizienten Portfolios sowie allen einzelnen Anlagemöglichkeiten durch einen Faktor, das systematische Risiko der zu bewertenden Position, erklärt. Das CAPM in seiner Standardform basiert auf einer Reihe von stringenten Annahmen, deren schrittweise Aufgabe zu Modifikationen des Modells führt, die aber den Großteil der Ergebnisse des CAPM–Standardmodells nicht grundsätzlich in Frage stellen. Die APT, die das CAPM als Spezialfall enthält, erklärt die Preisbildung auf den Kapitalmärkten auf der Basis mehrerer Faktoren, was Gegenstand des Abschnitts 5.2 ist. Abschließend wird im Abschnitt 5.3 die Frage des empirischen Gehalts von Gleichgewichtsmodellen diskutiert.

5.1 Capital Asset Pricing Model – CAPM

Das CAPM wurde unabhängig und beinahe zeitgleich von SHARPE (1964, aber bereits 1962 beim *Journal of Finance* eingereicht), TREYNOR (1963) und LINTNER (1965) entwickelt. MOSSIN hat 1966 eine Verallgemeinerung des Modells veröffentlicht. Die Anwendungen des CAPM sind nicht auf die Kapitalmarktforschung und Investmentfragen beschränkt, sondern auch die Bewertung von einzelnen Investitionen oder ganzen Unternehmen hat durch die Entwicklung des Modells eine enorme Wende genommen, wodurch das CAPM überall in der Welt schnell verbreitet wurde.[1)]

Das CAPM ist ein Gleichgewichtsmodell, in dem die Rendite einer Investition oder Anlagealternative, zum Beispiel einer Aktie, im Marktgleichgewicht erklärt wird. Bietet die Aktie am Markt eine vom CAPM abweichende Rendite, dann wird ein Prozess in Gang kommen, so dass sich genau die gleichgewichtige Rendite wieder einstellt, bei der das Angebot aller Positionen des Anlageuniversums der Nachfrage entspricht.

Bevor das Modell hergeleitet wird, ist es erforderlich, die Modell–Annahmen genauer zu spezifizieren. Das CAPM–Standardmodell basiert auf folgendem System von Annahmen:

- die Erwartungen der Menge aller Anleger bezüglich Ertrag und Risiko am Kapitalmarkt sind homogen,
- es existiert eine risikofreie Anlagemöglichkeit,
- die Anleger können Kapital in unbeschränkter Höhe zum risikofreien Zins aufnehmen und anlegen,
- die Entscheidungsgrundlage der Investoren sind ausschließlich Ertrag und Risiko,
- keine Berücksichtigung von Besteuerung von Einkünften des Anlegers,
- es existieren keine Transaktionskosten,
- unbegrenzte Möglichkeit von Leerverkäufen.

---

1) Vgl. zu Anwendungen des CAPM in der Unternehmenspolitik COPELAND/WESTON/SHASTRI (2004).

Wenngleich diese Annahmen in der Realität wenig zutreffend sind, so hilft das CAPM doch beim Treffen von Finanzentscheidungen, da es Risiken bepreisen kann. Es geht weniger darum, die Realitätsnähe der Annahmen des Modells zu beurteilen als dessen Implikationen für die Marktpreise mit den tatsächlichen Gegebenheiten auf den Kapitalmärkten abzugleichen. In der Literatur sind verschiedene Herleitungen des CAPM mit unterschiedlicher mathematischer Komplexität zu finden. Hier wird ein relativ einfacher Ansatz mit ökonomischer Intuition vorgestellt.

Das CAPM basiert auf dem bereits in Abschnitt 2.3 eingeführten Separationstheorem nach TOBIN. Durch die Ergänzung der klassischen Theorie um die Möglichkeit einer risikofreien Anlage in Verbindung mit möglicher Kapitalaufnahme ergibt sich, dass das für den Investor optimale Portfolio aus risikobehafteten Anlagemöglichkeiten nicht von der individuellen Risikoneigung abhängt, sondern dem Tangential–Portfolio T entspricht. Dieses Portfolio ergibt sich aus dem Tangentialpunkt der sogenannten *Kapitalmarktlinie* (CapitaL Market Line, CML) und der Effizienzlinie der risikobehafteten Anlagealternativen. Das Nutzenindifferenzkurven–System des Anlegers bestimmt, ob das Tangential–Portfolio mit der risikofreien Anlage kombiniert (B) oder durch Kreditaufnahme (A) finanziert wird, vgl. nachfolgende Abbildung.

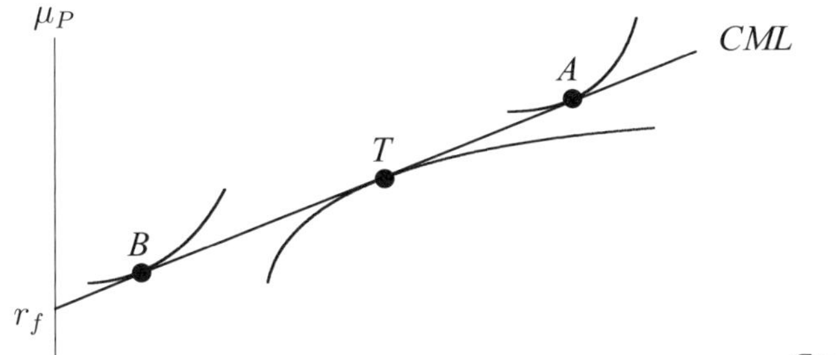

Wenn wir nun gemäß unseres Annahmen–Systems vereinfachend davon ausgehen, dass alle Anleger die gleichen Erwartungen haben und alle zum gleichen Zins Kapital anlegen und auch aufnehmen können, dann gilt für jeden Anleger das gleiche Diagramm und damit das gleiche Tangential–Portfolio. Im Marktgleichgewicht führt das dazu, dass dieses von allen gehaltene Portfolio T zum so genannten *Marktportfolio* wird.

Das Separationstheorem hat das Portfoliomanagement maßgeblich beeinflusst, da die Anleger gemäß dem Theorem alle dasselbe wollen, nämlich die Strukturierung des risikobehafteten Teils ihres Portfolios entsprechend dem Marktportfolio und Kombination dieses Marktportfolios mit der risikofreien Anlage. In der Literatur wird daher die Begründung für den Begriff Separationstheorem gelegentlich auch so verstanden, dass sich das Problem der Portfolioauswahl bei TOBINs Ansatz in die zwei Aufgaben „Bestimmung des Marktportfolios" und „Bestimmung der Risikoaversion der Anleger" separieren lässt. In der Praxis erfolgt im ersten Schritt die Bestimmung des Marktportfolios, das heißt des Tangential–Portfolios, wie es im Abschnitt 2.4 ausführlich hergeleitet wurde. Die Berücksichtigung der verschiedenen Risikoneigungen im zweiten Schritt sieht in der bankbetrieblichen Praxis so aus, dass die Portfolioverwalter verschiedenartige Musterportfolios je nach Risikoneigung aufstellen. Diese so genannten Strategiefonds können zum Beispiel wie folgt ausgestaltet sein: „Festzins " (nur risikofreie Anlage), „Ertrag" (zwei Drittel risikofreie Anlage und ein Drittel Marktportfolio), „Wachstum" (ein Drittel risikofreie Anlage und zwei Drittel Marktportfolio) oder „Aktien" (nur Marktportfolio).[2)]

Nun zur Herleitung des CAPM auf der Basis ökonomischer Intuition: Die in Abschnitt 2.3 entwickelte CML

$$\mu_P = r_f + \frac{\mu_M - r_f}{\sigma_M}\sigma_P \,. \tag{5.1}$$

besagt, dass Ertrag μ_P und Risiko σ_P aller effizienten Portfolios auf der CML in einem linearen Zusammenhang stehen, wobei μ_M den Ertrag und σ_M das Risiko des Marktportfolios beschreiben und r_f den risikofreien Ertrag (Zins) angibt. Die Steigung der Kapitalmarktlinie, $(\mu_M - r_f)/\sigma_M$, kann als *Marktpreis des Risikos für effiziente Portfolios* interpretiert werden. Dieser Marktpreis entspricht der zusätzlichen Rendite beziehungsweise Überrendite, die durch Erhöhung des Portfolio–Risikos um eine Einheit erwirtschaftet wird. Das Steigungsmaß haben wir zudem im Abschnitt 2.4 als SHARPE–Ratio des Marktportfolios kennengelernt.

---

2) Vgl. SPREMANN (2006).

Portfolios, die unterhalb der CML liegen, sind nicht effizient und damit Risiken ausgesetzt, die mit den zur Verfügung stehenden Anlagemöglichkeiten diversifiziert werden könnten. Diese Risiken werden als *unsystematisch* bezeichnet und bieten auf den Kapitalmärkten keine Renditevorteile. Für das Tragen nicht weiter diversifizierbarer Risiken, den *systematischen* Risiken, können jedoch Risikoprämien erzielt werden, da die Kapitalmärkte das Kollektiv risikoaverser Investoren darstellen, die ohne Entschädigung keine Risiken übernehmen.

Den Zusammenhang zwischen Ertrag und Risiko von *nicht effizienten* Portfolios oder *einzelnen* Positionen aus dem Marktportfolio beschreibt die CML nicht, das gilt es im Rahmen des CAPM erst noch zu entwickeln. Aufbauend auf der bisherigen Argumentation liegt die Vermutung nahe, dass der erwartete Ertrag umso höher ist, je größer das systematische Risiko ist. Zudem sollte der erwartete Ertrag gleich dem risikofreien Zins sein, wenn gar kein systematisches Risiko eingegangen wird. Soweit ein paar erste Anhaltspunkte für den Zusammenhang von Ertrag und Risiko, aber wie sieht der funktionale Zusammenhang genau aus?

Um diese Frage zu klären, werden wir zunächst das *Marktmodell* einführen, bei dem die Rendite $r_{i,t}$ einer einzelnen Anlageposition oder eines beliebigen Portfolios zum Zeitpunkt t ausschließlich über die Rendite $r_{M,t}$ des Marktportfolios erklärt wird (Ein–Faktor–Modell). Dabei wird die Rendite in zwei bereits genannte Komponenten, die unsystematische Rendite α_i (wertpapierbezogene Komponente mit unsystematischem Risiko) und die systematische Komponente $\beta_i \cdot r_{M,t}$ (marktbezogene Komponente mit systematischem Risiko), zerlegt:

$$r_{i,t} = \alpha_i + \beta_i \cdot r_{M,t} \qquad \text{mit} \quad t = 1, 2, ..., T \,. \tag{5.2}$$

Die Konstante β_i gibt die erwartete Veränderung der Rendite $r_{i,t}$ an, wenn sich die Rendite des Marktportfolios verändert. In der Realität wird dieser theoretische Zusammenhang selten oder nie exakt erfüllt sein. Um diese Unschärfen, zum Beispiel bedingt durch die Nichtbeobachtbarkeit des Marktportfolios, explizit zu berücksichtigen, ergänzen wir unser deterministisches Modell um einen Störterm $\epsilon_{i,t}$:

$$r_{i,t} = \alpha_i + \beta_i \cdot r_{M,t} + \epsilon_{i,t} \qquad \text{mit} \quad t = 1, 2, ..., T \,. \tag{5.3}$$

Die unbekannten Parameter dieses Modells können auf der Basis historischer Daten mittels der linearen Einfachregression geschätzt werden, was anhand eines empirischen Beispiels verdeutlicht werden soll.

Beispiel:

Das betrachete Anlageuniversum sind die Finanzintermediäre aus dem Deutschen Aktienindex (DAX): Deutsche Bank AG (DBK), Commerzbank AG (CBK), Allianz AG (ALV) und Münchner Rückversicherung AG (MUV). Den Regressionen liegen die jeweiligen Monatsrenditen vom Januar 2003 bis Januar 2006 und eine risikofreie monatliche Verzinsung $r_f = 0,0033$ (entspricht etwa 4% p.a.) zugrunde. Die geschätzten Parameter für die einzelnen Aktien und das Marktportfolio (kurz: MP, berechnet nach dem SHARPE–Ansatz) sowie die jeweiligen Bestimmtheitsmaße (R^2) sind nachfolgender Tabelle zu entnehmen:

Aktie	α_i	β_i	R^2
ALV	$-0,0583$	$1,0221$	$0,5963$
CBK	$-0,0327$	$0,9746$	$0,8284$
DBK	$-0,0175$	$0,5015$	$0,5168$
MUV	$-0,0685$	$1,0106$	$0,4761$
MP	0	1	1

Es zeigt sich an den $\beta_i > 1$, dass die Versicherungen ALV und MUV ein etwas höheres systematisches Risiko aufweisen als das Portfolio aller Finanzintermediäre im DAX, während die Banken CBK und DBK mit $\beta_i < 1$ weniger riskant sind als das Marktportfolio. Das Bestimmtheitsmaß gibt jeweils den Anteil der durch den Markt erklärten Varianz der betrachteten Anlageposition an ($0 < R^2 < 1$) und beschreibt damit die Güte der Regression. Für die vorliegenden Daten weist die Rendite des Marktportfolios für alle Aktien einen recht guten Erklärungsgehalt auf, dies gilt insbesondere für CBK mit einem Anteil an erklärter Varianz von gut 80%.

Wenn wir zum Beispiel die DBK–Renditen grafisch betrachten, ergibt sich folgendes Streuungsdiagramm mit der geschätzten Regressionsgerade

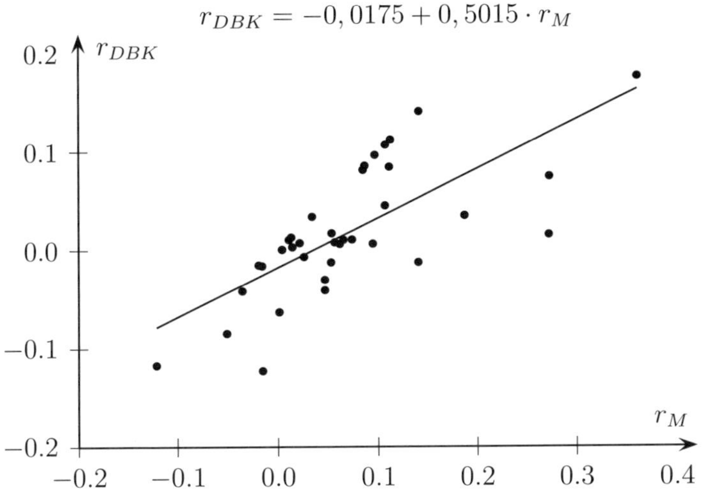

Auf der Basis der geschätzten Parameter ($\hat{\alpha}_i$ und $\hat{\beta}_i$) können – unter den üblichen Annahmen des linearen Regressionsmodells – Aussagen über die Schätzer von $r_{i,t}$ ($\hat{r}_{i,t}$) getroffen werden:

$$\hat{r}_{i,t} = \hat{\alpha}_i + \hat{\beta}_i \cdot r_{M,t} \,. \tag{5.4}$$

Inwieweit hilft das Marktmodell nun bei der Beantwortung unserer Frage nach dem funktionalen Zusammenhang zwischen Ertrag und Risiko — genauer: zwischen erwarteter Rendite und systematischem Risiko — von nicht effizienten Portfolios oder einzelnen Positionen aus dem Marktportfolio? Dazu schauen wir uns β_i als Ausdruck für das systematische Risiko genauer an: Wenn es sich bei der zu bewertenden Anlage um das Marktportfolio handelt (also $r_i = r_M$), dann existiert kein unsystematisches Risiko ($\alpha_i = 0$) und β_i nimmt gemäß dem theoretischen Modell in (5.2) den Wert eins an. Das Beta des Marktportfolios ist also eins und die Betas von riskanteren (weniger riskanten) Anlagepositionen haben Betas größer (kleiner) als eins. Je besser die zu bewertende Position also diversifiziert ist, je näher sie am Marktporfolio ist, desto mehr geht α_i gegen null und desto besser beschreibt β_i das verbleibende Gesamtrisiko der Position.

Die ökonomische Intuition — die erwartete Rendite muss mit dem Risiko proportional zunehmen — führt zu dem Ergebnis, dass alle Portfolios im *Ertrags–Beta–Raum* auf einer Geraden mit positiver Steigung liegen müssen:

$$\mu_i = a + b \cdot \beta_i \, . \tag{5.5}$$

Zur Bestimmung der Geradengleichung sind lediglich zwei Punkte auf der Geraden erforderlich, die durch unsere Vorüberlegungen leicht zu finden sind. Zum einen ist μ_i bei einem systematischen Risiko von null gleich dem risikofreien Zins, $r_f = a + b \cdot 0$, so dass $a = r_f$. Zum anderen ist das Beta des Marktportfolios gleich eins, also $\mu_M = a + b \cdot 1$, woraus $b = (\mu_M - a) = (\mu_M - r_f)$ folgt. Durch Einsetzen dieser beiden Punkte in die Geradengleichung ergibt sich:

$$\mu_i = r_f + (\mu_M - r_f) \cdot \beta_i \, . \tag{5.6}$$

Dieser Ausdruck beschreibt die **Grundgleichung des CAPM**, deren grafische Darstellung als *Wertpapiermarktlinie* (Security Market Line, SML) bezeichnet wird. In der nachfolgenden Abbildung sind neben der SML verschiedene Portfolios in der μ–β–Ebene positioniert.

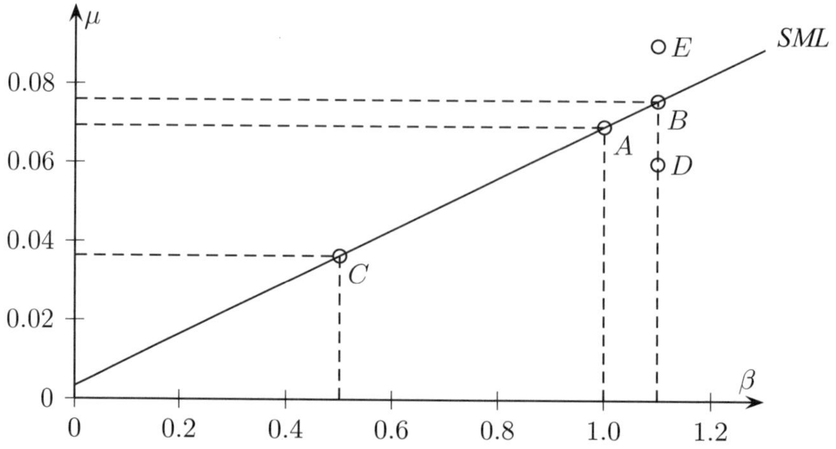

Würde eine einzelne Anlagemöglichkeit oder ein Portfolio ober– oder unterhalb der SML liegen, wären Arbitragemöglichkeiten gegeben, die einen Korrekturprozess am Kapitalmarkt in Gang setzen würden. Das Portfolio (oder die Einzelposition) D hat beispielsweise das gleiche Risiko wie das Portfolio B, aber einen geringeren Ertrag. Was passiert dann auf einem Markt mit Anlegern, deren Entscheidungsgrundlage ausschließlich Ertrag und Risiko ist? Die Nachfrage nach D würde bei gleichbleibendem Angebot sinken, wodurch der Preis sinkt und damit der Ertrag durch den günstigeren Einstiegspreis steigt. Das Portfolio bewegt sich also in Richtung SML. Umgekehrt könnte Portfolio E nie lang auf einem solchen Markt (unter den stringenten Annahmen des CAPM) bestehen. Es bietet wiederum bei gleichem Risiko einen höheren Ertrag als Portfolio B, wodurch die Nachfrage nach E steigt, der Preis steigt und der Ertrag sinkt. Das Gleichgewicht, das heißt ein geräumter Markt, liegt erst dann wieder vor, wenn die Bewertungen der Anlagemöglichkeiten so korrigiert sind, dass alle auf der Geraden positioniert sind. Mit anderen Worten können zwei Anlageformen mit gleichem Risiko keine unterschiedlichen Preise aufweisen.

Zusammenfassend kann festgehalten werden:

- Das Marktmodell beschreibt den linearen Zusammenhang zwischen Ertrag und Gesamtrisiko σ_P von effizienten Portfolios;
- der Übergang zum Gleichgewichtsmodell CAPM ermöglicht die Erklärung des Ertrages von allen – effizienten und nicht effizienten – Portfolios sowie allen einzelnen Anlagemöglichkeiten durch das systematische Risiko (β_i) der zu bewertenden Position i;
- die erwartete Rendite μ_i jeder Anlagemöglichkeit ist gleich dem Zinssatz r_f plus der Risikoprämie $(\mu_M - r_f) \cdot \beta_i$;
- die Risikoprämie ist proportional zum systematischen Risiko β_i, wobei der Proportionalitätsfaktor gleich der Überrendite $(\mu_M - r_f)$ des Marktportfolios ist.

Das CAPM basiert auf einem System von wenig realitätsnahen Annahmen. Die Kernfrage ist aber, wie gut das Modell die Realität, das heißt das beobachtete Verhalten der Renditen auf den Kapitalmärkten, beschreibt. Auf die empirische Überprüfung des CAPM wird in Abs. 5.3 näher eingegangen. Aus der Kritik am stringenten Annahmensystem des CAPM–Standardmodells heraus haben sich eine Reihe von Modifikationen des Modells ergeben, von denen im Folgenden einige genannt werden. Bei einer Vielzahl von Modifikationen zeigt sich, dass das Standardmodell hinichtlich einer Änderung im Annahmensystem bemerkenswert robust ist. Die Auswirkung der Existenz heterogener Erwartungen der Marktteilnehmer wurde von LINTNER (1969) untersucht. Er konnte zeigen, dass sich die Aussagen des CAPM–Standardmodells nicht wesentlich ändern, das Marktportfolio jedoch nicht mehr notwendigerweise effizient ist. BRENNAN veröffentlichte 1970 ein CAPM unter Berücksichtigung von Steuern, und 1971 untersuchte BRENNAN den Fall unterschiedlicher Zinssätze bei der Kapitalanlage und der Kreditaufnahme. Die Ausdehnung des Modells zum International–CAPM erfolgte zum Beispiel durch ROLL/SOLNIK (1977), die Erweiterung des statischen CAPM–Standardmodells auf mehrperiodige Ansätze fand beispielsweise durch MERTON (1973) statt. BLACK (1972) hat untersucht, wie sich das CAPM verändert, wenn keine risikofreie Anlagemöglichkeit existiert. In diesem Ansatz wird r_f durch die „Zero–Beta–Portfolios" ersetzt, deren Renditen eine Kovarianz von null zum Marktportfolio aufweisen. Wegen der Hinzunahme der Renditen der Zero–Beta–Portfolios als Erklärungsgröße für die Renditen am Kapitalmarkt wird diese Erweiterung des CAPM–Standardmodell als Zwei–Faktoren–Modell bezeichnet. Die Erweiterung auf Multi–Faktoren–Modelle durch Aufnahme weiterer Erklärungsgrößen war zunächst charakterisiert durch Regressionsmodelle ohne theoretische Grundlage. Ausgehend von diesen Modellen ist es jedoch nur noch ein kleiner Schritt hin zur Arbitrage Pricing Theory, die Gegenstand des nachfolgenden Abschnitts ist.

5.2 Arbitrage Pricing Theory – APT

In der 1976 von ROSS veröffentlichten Arbitrage Pricing Theory werden die Preise auf den Kapitalmärkten auf der Basis mehrerer Faktoren erklärt, so dass das CAPM einen Spezialfall mit nur einem erklärenden Faktor darstellt. Bei der Entwicklung des Modells wird – im Gegensatz zum CAPM – nicht unmittelbar auf die Ertrags–Risiko–Analyse zurück gegriffen, sondern es werden Annahmen bezüglich des renditegenerierenden Prozesses mit Arbitrage–Argumenten kombiniert.

Ausgangspunkt ist die aus der Volkswirtschaftslehre bekannte „Theorie des einen Preises“, wonach zwei homogene Güter den gleichen Preis haben müssen. Diese Theorie reicht aus, um ein im Vergleich zum CAPM allgemeineres Gleichgewichtsmodell ohne stringente Annahmen über das Anlegerverhalten zu konstruieren. Stattdessen ist eine Annahme über den renditegenerierenden Prozess erforderlich. Die APT unterstellt den – empirisch unkritischen – linearen Zusammenhang der Renditen des Wertpapiers i und einer endlichen Anzahl k von verschiedenen Indizes I:

$$r_{i,t} = \alpha_i + \beta_{i1} \cdot I_{1,t} + \beta_{i2} \cdot I_{2,t} + ... + \beta_{ik} \cdot I_{k,t} + \epsilon_{i,t} \qquad \text{mit} \quad t = 1, 2, ..., T \,. \tag{5.7}$$

Die β_{ij} stellen die Sensitivitäten der Renditen gegenüber den erklärenden Indizes dar, α_i ist die von den Indizes unabhängige Rendite und $\epsilon_{i,t}$ ist die Störung mit $E[\epsilon_i] = 0$ und $V[\epsilon_i] = \sigma^2_{\epsilon_i}$. Weitere Modellannahmen sind:

$$E[\epsilon_i \epsilon_j] = 0 \qquad \text{für alle} \quad i \neq j \tag{5.8 a}$$

$$E[\epsilon_i(I_l - \bar{I}_l)] = 0 \quad \text{für alle Wertpapiere } i \text{ und Indizes } l, \tag{5.8 b}$$

das heißt es sollen weder zwischen den Störvariablen zweier Wertpapiere i und j noch zwischen einer Störvariablen und einem beliebigen erklärenden Index lineare Abhängigkeiten bestehen. Die erste Annahme besagt, dass ähnliche Verläufe von Renditen zweier Wertpapiere lediglich durch die Entwicklung der gemeinsamen erklärenden Indizes bedingt ist. Mit anderen Worten wird angenommen, dass es keine im Modell nicht berücksichtigten Faktoren gibt, die beide Renditereihen treiben. Bis hier haben wir nur einen Multi–Faktoren–Ansatz zur Modellierung von Renditen an Kapitalmärkten beschrieben. Nun gilt es, darüber hinaus die Gleichgewichtssituation zu formulieren. Diese Vorgehensweise ist analog zum Übergang vom Marktmodell zum CAPM im vorangegangenen Abschnitt.

Zur Vereinfachung und ohne Einschränkung der Allgemeingültigkeit erläutern wir die APT am Zwei–Faktoren–Modell:[3)]

$$r_{i,t} = \alpha_i + \beta_{i1} \cdot I_{1,t} + \beta_{i2} \cdot I_{2,t} + \epsilon_{it} \qquad \text{mit} \quad t = 1, 2, ..., T \tag{5.9}$$

und unter den Annahmen (5.8a) und (5.8b). Wenn es sich bei der zu bewertenden Position um ein gut diversifiziertes Portfolio handelt, wird tendenziell nur das systematische Risiko – ausgedrückt durch β_{i1} und β_{i2} – verbleiben. Die nachfolgenden Arbitrage–Überlegungen sind analog zu denen bei der Herleitung des CAPM.

Gegeben seien drei Portfolios mit folgenden erwarteten Erträgen und systematischen Risiken:

Portfolio i	μ_i	β_{i1}	β_{i2}
A	$0,12$	$0,1$	$0,5$
B	$0,20$	$0,6$	$0,9$
C	$0,15$	$0,9$	$0,5$

Diese drei Portfolios mit ihren jeweils drei Charakteristika spezifizieren eindeutig eine Ebene im μ–β_1–β_2–Raum (wenn sie nicht gerade zufällig auf einer Geraden liegen), genauso wie zwei Punkte eindeutig eine Gerade im zweidimensionalen Raum beschreiben. Angenommen wir konstruieren ein weiteres Portfolio D in der Ebene, indem wir eine konvexe Linearkombination (Summe der Gewichte gleich eins) aus A, B und C bilden. Als Beispiel soll sich D zu 10% aus A, zu 50% aus B und zu 40% aus C zusammensetzen, so dass sich folgende Parameter ergeben:

$$\mu_D = 0,1 \cdot 0,12 + 0,5 \cdot 0,20 + 0,4 \cdot 0,15 = 0,172$$

$$\beta_{D1} = 0,1 \cdot 0,1 + 0,5 \cdot 0,6 + 0,4 \cdot 0,9 = 0,67$$

$$\beta_{D2} = 0,1 \cdot 0,5 + 0,5 \cdot 0,9 + 0,4 \cdot 0,5 = 0,7$$

[3)] Eine mathematisch komplexere Herleitung ist beispielsweise in ELTON ET AL. (2006) zu finden.

Neben diesen vier Portfolios ist in der nachfolgenden Abbildung auch ein Portfolio E positioniert, für das wir annehmen, dass es durch das gleiche systematische Risiko wie Portfolio D und einen erwarteten Ertrag in Höhe von $\mu_E = 0,08$ charakterisiert ist.

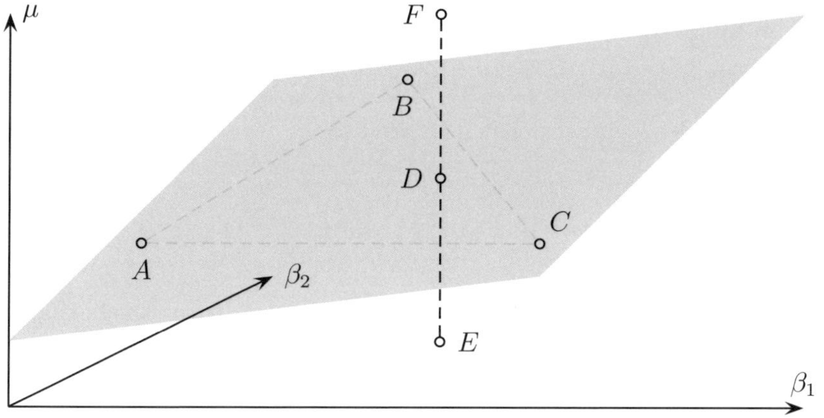

Nach dem Gesetz des einen Preises können aber zwei homogene Portfolios, das heißt Portfolios mit gleichem Risiko, keine unterschiedlichen Preise (hier Renditen) im Markt–Gleichgewicht haben. Wenn am Markt jedoch Portfolios existieren, die ober– oder unterhalb der Ebene liegen, sind Arbitragemöglichkeiten gegeben. Das Portfolio F hat in unserem Beispiel das gleiche Risiko wie das Portfolio D, aber einen höheren Ertrag. Es liegen damit Arbitragemöglichkeiten vor, das heißt ein Korrekturprozess wird am Kapitalmarkt in Gang gesetzt. Analog zu der Argumentation bei der Herleitung des CAPM würde folgendes passieren: Die Nachfrage nach F würde bei gleichbleibendem Angebot steigen, wodurch der Preis steigt und damit der Ertrag durch den höheren Einstiegspreis sinkt. Das Portfolio bewegt sich also in Richtung der Ebene. Umgekehrt könnten Portfolios unterhalb der Ebene nie lang auf einem solchen Markt bestehen, da bei gleichem Risiko ein Portfolio auf der Ebene mit höherem Ertrag existiert. Die Nachfrage nach dem Portfolio unterhalb der Ebene und damit der Preis würden sinken, wodurch der Ertrag steigt. Das Gleichgewicht liegt erst dann wieder vor, wenn die Bewertungen der Anlagemöglichkeiten so korrigiert sind, dass alle auf der Ebene positioniert sind, das heißt keine Arbitragemöglichkeiten mehr vorhanden sind.

Gemäß diesen Überlegungen müssen im Markt–Gleichgewicht alle Portfolios sowie alle Einzelpositionen auf der durch die Gleichung

$$\mu_i = \lambda_0 + \lambda_1 \cdot \beta_{i1} + \lambda_2 \cdot \beta_{i2} \tag{5.10}$$

spezifizierten Ertrags–Risiko–Ebene liegen, die die **Grundgleichung der APT** auf der Basis des Zweifaktoren–Modells (5.9) darstellt. Die Erweiterung auf k erklärende Indizes, vgl. (5.7), führt zu der k–dimensionalen Hyperebene:

$$\mu_i = \lambda_0 + \lambda_1 \cdot \beta_{i1} + \lambda_2 \cdot \beta_{i2} + ... + \lambda_k \cdot \beta_{ik} \,. \tag{5.11}$$

Dabei wird in der Literatur angenommen, dass die von den Indizes unabhängige Rendite λ_0 dem risikofreien Zins entspricht, $\lambda_0 = r_f$. Zudem beschreiben alle k weiteren λ_l die Überschußrendite oder Risikoprämie, $\lambda_l = \mu_l - r_f$, eines Portfolios l, das eine Sensitivität bezüglich eines Index l von eins und eine Sensitivität bezüglich aller anderer Indizes von null aufweist.

Die APT basiert auf der Überlegung, dass ein Gleichgewicht am Kapitalmarkt nur dann vorliegt, wenn keine Arbitrage mehr möglich ist. Die Bestimmung des Marktportfolios beziehungsweise die umfassende Analyse aller riskanten Wertpapiere am Markt ist in dieser Gleichgewichtstheorie nicht erforderlich, wodurch der Ansatz – im Gegensatz zum CAPM – grundsätzlich testbar wird. Das bedeutet jedoch nicht, dass die APT dem CAPM generell überlegen ist, was im nachfolgenden Abschnitt weiter untersucht wird.

5.3 Empirischer Gehalt von Gleichgewichtsmodellen

Um ein ökonomisches Modell zu entwickeln, ist in der Regel eine starke Vereinfachung der meist sehr komplexen Realität erforderlich. Bei der Beurteilung von Modellen oder Theorien darf es aber nicht um die Frage der Realitätsnähe der getroffenen Annahmen gehen, sondern es ist vielmehr zu überprüfen, ob die tatsächlichen Gegebenheiten auf den Märkten durch das Modell hinreichend gut abgebildet werden. Dazu sind insbesondere die Prognosen aus dem Modell mit den realen Daten abzugleichen. Für die Gleichgewichtsmodelle gilt es somit, die Vereinbarkeit der Renditeprognosen mit den am Kapitalmarkt beobachteten Renditen zu überprüfen.

Zunächst sei angemerkt, dass die Tests zur empirischen Überprüfung von Gleichgewichtsmodellen ex–post–Tests sind, denn sie basieren auf realen Daten der Vergangenheit. Die zu untersuchenden Modelle sind jedoch ex ante, das heißt in Erwartungen formuliert. Zur Erinnerung wiederholen wir die Grundgleichung des Standard–CAPM:

$$E[r_i] = \mu_i = r_f + (\mu_M - r_f) \cdot \beta_i \, .$$

Die relevanten Komponenten des Modells sind erwartete Renditen und erwartete Betas, was für die APT entsprechend gilt. Vergangene Renditen und Betas als Approximation für die Erwartungswerte sind akzeptabel, wenn der zurückliegende Beobachtungszeitraum ausreichend lang ist. Genau dann ist die Rendite eines Portfolios oder einer Anlageposition im Mittel gleich der erwarteten Rendite. Die ex–post–Form des CAPM kann dementsprechend entwickelt werden, was wir im Folgenden kurz zeigen wollen. Ausgangspunkt ist das Marktmodell aus Abschnitt 5.1 (mit $t = 1, 2, ..., T$):

$$r_{i,t} = \alpha_i + \beta_i \cdot r_{M,t} + \epsilon_{i,t} \qquad \text{beziehungsweise} \qquad (5.12\,\text{a})$$

$$0 = r_{i,t} - \alpha_i - \beta_i \cdot r_{M,t} - \epsilon_{i,t} \, . \qquad (5.12\,\text{b})$$

Ausgedrückt in Erwartungen lautet das Modell:

$$E[r_i] = \alpha_i + \beta_i \cdot E[r_M] \qquad \text{beziehungsweise} \qquad (5.13\,\text{a})$$

$$0 = E[r_i] - \alpha_i - \beta_i \cdot E[r_M] \, . \qquad (5.13\,\text{b})$$

Gleichsetzung von (5.12b) und (5.13b) und Umformung ergibt:

$$r_{i,t} - \alpha_i - \beta_i \cdot r_{M,t} - \epsilon_{i,t} = E[r_i] - \alpha_i - \beta_i \cdot E[r_M] \qquad (5.14\,\text{a})$$

$$r_{i,t} = E[r_i] + \beta_i(r_{M,t} - E[r_M]) + \epsilon_{i,t} \, . \qquad (5.14\,\text{b})$$

Durch Einsetzen der CAPM–Grundgleichung für $E[r_i]$ in Gleichung (5.14b), erhält man die **ex–post–Form des CAPM**:

$$r_{i,t} = r_f + (r_{M,t} - r_f) \cdot \beta_i + \varepsilon_{i,t} \tag{5.15}$$

beziehungsweise in anderer Schreibweise mit $\gamma_1 = (r_{M,t} - r_f)$ und der Erweiterung um den Achsenabschnitt γ_0:

$$r_{i,t} - r_f = \gamma_0 + \gamma_1 \cdot \beta_i + \varepsilon_{i,t} \tag{5.16}$$

Auf der Basis dieser ex–post–Form des CAPM wurde der empirische Gehalt des Modells immer wieder überprüft. Wenn das CAPM die tatsächliche Entwicklung der Renditen adäquat beschreibt, sollte

- γ_0 nicht signifikant von null verschieden sein, denn sonst wären im Modell nicht alle Erklärungsgrößen berücksichtigt; anders formuliert: neben β_i dürfen keine weiteren signifikanten Erklärungsgrößen existieren;
- der Zusammenhang von r_i und β_i linearer Natur sein und
- sich die Steigung γ_1 nicht signifikant von der Überrendite $(r_{M,t} - r_f)$ unterscheiden.

In den letzten 40 Jahren arbeiteten unzählige Wissenschaftler daran, das CAPM empirisch zu testen. Als Beispiele dafür seien die Arbeiten von BLACK/JENSEN/SCHOLES (1972), FAMA/MCBETH (1973), STAMBAUGH (1982) und FAMA/FRENCH (1992) genannt.[4] Im Folgenden werden die wesentlichen Ergebnisse im Überblick dargestellt:

- γ_0 ist meist signifikant von null verschieden;
- γ_1 ist in der Regel geringer als die Überrendite $(r_{M,t} - r_f)$;

[4] Ein gelungener Überblick über die Forschungsarbeiten ist zu finden bei CAMPBELL/LO/MCKINLEY (1997).

- die geschätzte γ_0–γ_1–Kombination hat meist zur Folge, dass Wertpapiere mit geringen Betas höhere als vom CAPM prognostizierte Renditen abwerfen und umgekehrt;
- der lineare Ansatz im CAPM liefert in den meisten Fällen eine gute Anpassung an die Daten;
- die Betas sind im Zeitablauf nicht konstant, so dass die der Inferenz zugrundeliegenden Daten nicht zu weit in die Vergangenheit zurückgehen dürfen.

Die Beobachtung eines signifikanten γ_0 weist darauf hin, dass weitere Erklärungsfaktoren in das Modell aufgenommen werden sollten. Ausgelöst durch diese Ergebnisse wurde eine Vielzahl von Multifaktoren–Modellen mit verschiedensten Erklärungsfaktoren entwickelt, aus denen letztendlich auch die APT hervorgegangen ist.

Eine ganz grundlegende Kritik am CAPM stammt von ROLL (1977), die bei dem für empirische Studien zu identifizierenden Marktportfolio ansetzt. Nach ROLL ist das CAPM gar nicht *testbar*. Das Marktportfolio umfasst alle Positionen des Anlageuniversums, im Grunde sogar alle in der Realtität möglichen Wertpapiere. ROLL hat deutlich gemacht, dass es faktisch nicht möglich ist, das „wahre" Marktportfolio zu schätzen. Aus diesem Grund wurde und wird in vielen empirischen Studien ein Marktindex als Proxy für das Marktportfolio verwendet. Das kann jedoch dazu führen, dass das Ergebnis eines geringen empirischen Gehalts des CAPM darin begründet liegt, dass der verwendete Marktindex nicht mit dem eigentlichen Marktportfolio übereinstimmt. Das CAPM könnte also verworfen werden, obwohl es die Wirklichkeit recht gut beschreibt. Umgekehrt könnte eine empirische Studie mit einem nicht adäquaten Marktindex das CAPM zufälligerweise nicht verwerfen, obwohl es in der Realität die Renditen nicht gut erklärt. Ausgelöst durch diese ROLL–Kritik wurden Fehler bei der Verwendung von Proxies zunehmend untersucht, um sie dann bei den empirischen Untersuchungen explizit mit zu berücksichtigen. Die Debatte um den empirischen Gehalt des CAPM dauert bis heute an. In einem sind sich die Wissenschaftler jedoch einig: Es gibt kein ähnlich einfaches Modell, welches die Realität zwar nicht perfekt, aber doch rundherum gut abbildet.

Die APT unterliegt nicht der ROLL–Kritik und ist damit grundsätzlich ein testbares Gleichgewichtsmodell. Die entscheidende Frage der APT ist es, wie viele und welche Faktoren die Renditen von Vermögenswerten gut erklären. Empirische Tests haben gezeigt, dass drei oder mehr Faktoren benötigt werden, wobei insbesondere makroökonomische Variablen wie zum Beispiel der Index der industriellen Produktion, nicht antizipierte Inflation oder Drehungen in der Renditekurve hohe Signifikanzen aufweisen.[5] Dem höheren empirischen Gehalt der APT steht eine höhere Komplexität des Ansatzes im Vergleich zum CAPM entgegen, was im Zeitalter der enorm verbesserten Rechnerkapazitäten jedoch kein Problem mehr darstellt. Die Erkenntnisse aus der APT bilden in Verbindung mit den in Kapitel 4 eingeführten Ertrags– und Risikoprognosen und den in Kapitel 3 dargestellten neueren Methoden der Portfolio–Optimierung die Basis für das moderne Portfoliomanagement.

Fragen zur Selbsteinschätzung

- Welche Annahmen liegen dem CAPM zugrunde?
- Wie lautet die Grundgleichung des CAPM?
- Was sind die wesentlichen Aussagen des CAPM?
- Wie lautet die Grundgleichung der APT?
- Was sind Gemeinsamkeiten und Unterschiede von CAPM und APT?
- Was kann — nach bisherigem Erkenntnisstand — bezüglich des empirischen Gehalts der beiden Gleichgewichtsmodelle ausgesagt werden?

[5] Vgl. dazu die Untersuchung von CHEN/ROLL/ROSS (1986).

Anhang zur Nutzentheorie

Schon seit Jahrhunderten ist bekannt, dass nicht das *monetäre Ergebnis* einer Entscheidung für die Güte der Entscheidung relevant ist, sondern der individuell und subjektiv empfundene *Nutzen*, den das Ergebnis dem Entscheidungsträger stiftet. Jeder kennt das: Die „erste Million" im eigenen Depot stiftet mehr Nutzen als die „zwölfte Million".

Eine berühmte Illustration der Notwendigkeit des *Nutzens* lieferte DANIEL BERNOULLI (1700 — 1782) mit seinem *Petersburger Spiel*:

Eine Münze wird so lange geworfen, bis zum ersten Mal „Zahl" fällt. Wenn dies im n–ten Wurf geschieht, dann erhält der Spieler 2^n Geldeinheiten. Der Gewinn in diesem Spiel ist natürlich eine Zufallsvariable X. Ihr Erwartungswert lässt sich einfach berechnen, da die Wahrscheinlichkeit, dass beim ersten Wurf „Zahl" fällt, $1/2$ beträgt, für „Kopf" beim ersten Wurf und „Zahl" beim zweiten Wurf $1/4$ und so weiter:

$$E(X) = 2 \cdot \frac{1}{2} + 4 \cdot \frac{1}{4} + 8 \cdot \frac{1}{8} + \cdots = \sum_{n=1}^{\infty} n \cdot \frac{1}{n} = \infty.$$

Der erwartete Gewinn in diesem Spiel ist also unendlich groß! Aber fragen Sie sich selbst, welchen „Einsatz" Sie für die Teilnahme an diesem Spiel wagen würden — sicher nicht jeden noch so hohen Einsatz. Dies wäre aber rational, wenn Sie sich nur an dem (erwarteten) Ergebnis orientieren würden.

Den Ergebnissen müssen also Nutzenwerte zugeordnet werden, an denen sich dann die Entscheidungsträger orientieren können. Diese Zuordnung leistet die *Nutzenfunktion*

$$U : \mathbb{R} \longrightarrow \mathbb{R}.$$

Der Buchstabe U kommt von der englischen Bezeichnung *utility function*. Eine Nutzenfunktion ist streng monoton wachsend, da ein höheres Ergebnis, also beispielsweise eine höhere Portfoliorendite, auch stets einen höheren Nutzen stiftet. Einem Ergebnis von null wird auch der Nutzen null zugeordnet. Und wie bereits oben gesagt nimmt das Wachstum ab, wenn das Ergebnis immer größer wird. Dies ist auch als *Gesetz vom abnehmenden Grenznutzen* bekannt.

Eine wichtige Klasse von Nutzenfunktionen sind die *exponentiellen* BERNOULLI–*Nutzenfunktionen* :

$$U(x) = 1 - e^{-\gamma \cdot x}, \quad \gamma > 0.$$

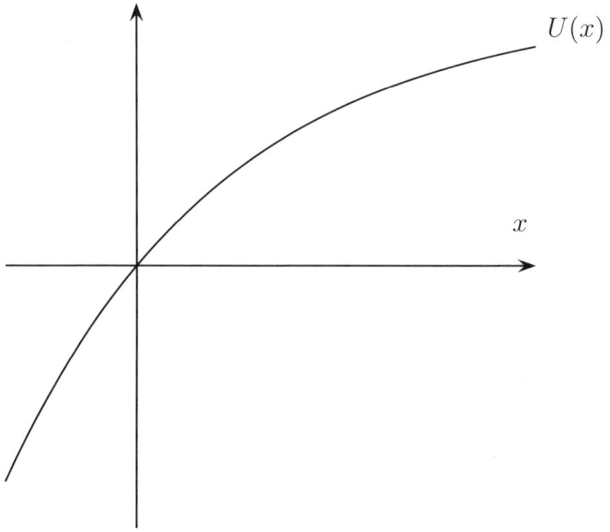

Eine berechtigte und nicht ganz triviale Frage ist es jedoch, ob für einen Entscheidungsträger, zum Beispiel einen Investor, überhaupt eine Nutzenfunktion existiert. Um diese Frage beantworten zu können, muss man die Entscheidungssituation zunächst etwas mehr strukturieren und Begriffe wie *Aktionenraum*, *Präferenzrelation* und *Erwartungsnutzen* einführen.

Der *Aktionenraum* A — auch *Entscheidungsraum* genannt — besteht beim Portfoliomanagement aus der Menge aller zulässigen Portfolios. Ein Portfolio kann bei gegebenem Anlageuniversum als Vektor der Anteile oder Gewichte aller potentiellen Wertpapiere aufgefasst werden:

$$\mathbf{w}' = (w_1, w_2, \ldots, w_n).$$

Der Aktionenraum mit der obligatorischen *Budgetrestriktion*, jedoch ohne *Leerverkaufsrestriktion* oder andere Restriktionen lautet dann beispielsweise:

$$A = \{\mathbf{w} \in \mathbb{R}^n \mid \mathbf{w}'\mathbf{1} = 1\} \qquad \text{mit } \mathbf{1}' = (1, \ldots, 1).$$

Eine *schwache Präferenzrelation* ($\precsim$) ist eine *reflexive*, *vollständige* und *transitive* Relation in $A \times A$. Die Reflexivität bedeutet, dass ein Portfolio $\mathbf{w}$ „nicht besser als“ genau dasselbe Portfolio eingeschätzt wird — eigentlich eine Selbstverständlichkeit:

$$\mathbf{w} \precsim \mathbf{w} \quad \text{für alle } \mathbf{w} \in A.$$

Die Vollständigkeit besagt, dass jeweils zwei Portfolios $\mathbf{w}^1$ und $\mathbf{w}^2$ im Sinne der Präferenzrelation vergleichbar sind:

$$\mathbf{w}^1 \precsim \mathbf{w}^2 \quad \text{oder} \quad \mathbf{w}^2 \precsim \mathbf{w}^1 \quad \text{für alle } \mathbf{w}^1, \mathbf{w}^2 \in A.$$

Die Transitivität bedeutet, dass aus der (schwachen) Präferenz eines Portfolios $\mathbf{w}^2$ gegenüber einem Portfolio $\mathbf{w}^1$ und aus der Präferenz eines Portfolios $\mathbf{w}^3$ gegenüber $\mathbf{w}^2$ auch die Präferenz des dritten Portfolios gegenüber dem ersten folgt:

$$\mathbf{w}^1 \precsim \mathbf{w}^2 \quad \text{und} \quad \mathbf{w}^2 \precsim \mathbf{w}^3 \quad \Rightarrow \quad \mathbf{w}^1 \precsim \mathbf{w}^3.$$

Wie aus der Kleiner–Gleich–Beziehung zwischen zwei Zahlen die Größer–Gleich–Beziehung konstruiert wird, kann man auch die Präferenzrelation in eine „nicht schlechter als“–Relation bei Vertauschung der Portfolios überführen:

$$\mathbf{w}^1 \precsim \mathbf{w}^2 \quad \Longleftrightarrow \quad \mathbf{w}^2 \succsim \mathbf{w}^1.$$

Wenn für zwei Portfolios die schwache Präferenz in beide Richtungen gilt, dann besteht zwischen beiden Portfolios *Indifferenz*, das heißt sie werden als gleichwertig betrachtet:

$$\mathbf{w}^1 \precsim \mathbf{w}^2 \quad \text{und} \quad \mathbf{w}^2 \precsim \mathbf{w}^1 \quad \Rightarrow \quad \mathbf{w}^1 \sim \mathbf{w}^2.$$

Aus der schwachen Präferenz unter gleichzeitigem Ausschluss der Indifferenz kann man eine *starke Präferenz* herleiten. Wenn also $\mathbf{w}^1$ nicht besser als $\mathbf{w}^2$ ist <u>und</u> beide Portfolios nicht gleichwertig sind, dann ist $\mathbf{w}^1$ schlechter als $\mathbf{w}^2$:

$$\mathbf{w}^1 \precsim \mathbf{w}^2 \quad \text{und} \quad \mathbf{w}^1 \nsim \mathbf{w}^2 \quad \Rightarrow \quad \mathbf{w}^1 \prec \mathbf{w}^2.$$

Für die Einführung des wichtigen Begriffes des *Erwartungsnutzens* benötigen wir den Begriff des *einfachen Wahrscheinlichkeitsmaßes* — auch *Lotterie* genannt. Es handelt sich dabei um ein Wahrscheinlichkeitsmaß mit endlichem Träger. Formal ist eine *Lotterie* eine Abbildung

$$P: \mathcal{P}(\mathbb{R}) \longrightarrow \mathbb{R}$$

von der Potenzmenge der reellen Zahlen in die reellen Zahlen mit den folgenden Eigenschaften:

$$\begin{array}{ll} P(B) \geq 0 & \text{für alle } B \subset \mathbb{R} \\ P(\mathbb{R}) = 1 & \\ P(B \cup C) = P(B) + P(C) & \text{für alle } B, C \subset \mathbb{R} \text{ mit } B \cap C = \emptyset \\ P(H) = 1 & \text{für eine } \underline{\text{endliche}} \text{ Teilmenge } H \text{ von } \mathbb{R} \end{array}$$

Wir bezeichnen mit $\mathcal{L}$ die Menge aller Lotterien. Insbesondere zählen auch die *Einpunktmaße* P_{x_0}

$$P_{x_0}(\{x_0\}) = 1, \quad x_0 \in \mathbb{R},$$

die die Wahrscheinlichkeitsmasse eins einem einzigen Ergebnis x_0 zuordnen, zu den Lotterien. Dabei handelt es sich also um „Lotterien" mit einem <u>sicheren</u> Ausgang. Diese speziellen Lotterien können mit dem sicheren Ergebnis x_0 identifiziert werden.

Der moderne Nutzenbegriff basiert auf *Axiomen*. Ein *Axiom* ist eine — hoffentlich — unmittelbar einleuchtende und grundlegende Forderung oder Behauptung. Berühmte Axiomensysteme stammen von EUKLID, der damit die Geometrie etabliert hat, von PEANO, der damit die natürlichen Zahlen definiert hat, und von KOLMOGOROV, der damit die Wahrscheinlichkeitstheorie auf ein sicheres Fundament gestellt hat.

Zur Begründung der Nutzentheorie sind mehrere Axiomensysteme vorgeschlagen worden. Das vermutlich bedeutendste stammt von JOHN VON NEUMANN und OSKAR MORGENSTERN und soll hier vorgestellt werden. Es handelt sich um die drei folgenden Axiome:

1. *Ordinalprinzip:*

   In der Menge $\mathcal{L}$ der Lotterien existiert eine schwache Präferenzrelation $\precsim$.

2. *Substitutions- oder Unabhängigkeitsprinzip:*

   Für alle $P, Q, R \in \mathcal{L}$ mit $P \prec Q$ und $0 < \alpha \leq 1$ gilt:

$$\alpha \cdot P + (1 - \alpha) \cdot R \prec \alpha \cdot Q + (1 - \alpha) \cdot R$$

3. *Archimedisches Prinzip:*

   Für alle $P, Q, R \in \mathcal{L}$ mit $P \prec Q \prec R$ existieren $\alpha, \beta \in (0, 1)$ mit:

$$\alpha \cdot P + (1 - \alpha) \cdot R \prec Q \prec \beta \cdot P + (1 - \beta) \cdot R$$

Diese Axiome scheinen durchaus plausibel zu sein, sind aber nicht völlig unkritisch. So könnte es sein, dass ein individueller Entscheidungsträger indifferent ist zwischen dem sicheren Ergebnis von 200 € und der Fifty–Fifty–Chance zwischen 0 € und 1000 €:

$$P_{200} \sim 0,5 \cdot P_0 + 0,5 \cdot P_{1000}.$$

Derselbe Entscheidungsträger ist vielleicht auch indifferent zwischen dem sicheren Ergebnis von 205 € und der Fifty–Fifty–Chance zwischen 0 € und 1000 €:

$$P_{205} \sim 0,5 \cdot P_0 + 0,5 \cdot P_{1000}.$$

Aber wäre er auch indifferent zwischen den sicheren Ergebnissen von 200 € beziehungsweise 205 € ? Aber genau das wäre erforderlich, damit das Ordinalprinzip für ihn erfüllt ist. Die NEUMANN–MORGENSTERN–Axiome sind jedoch weitestgehend anerkannt und werden auch im Folgenden unterstellt.

Der Begriff des *Erwartungsnutzens* wird nun als Verallgemeinerung des Begriffs der Nutzenfunktion auf den Definitionsbereich aller Lotterien eingeführt. Eine Abbildung

$$U : \mathcal{L} \longrightarrow \mathbb{R}$$

heißt *Erwartungsnutzen*, wenn sie folgende Eigenschaften besitzt:

1. *Ordnungstreue* oder *Monotonie*:

$$P \precsim Q \quad \Longleftrightarrow \quad U(P) \leq U(Q)$$

2. *Linearität*:

$$U\left(\sum \alpha_i \cdot P_i\right) = \sum \alpha_i \cdot U(P_i), \qquad \alpha_i \in \mathbb{R}$$

Der Erwartungsnutzen ist invariant unter positiv–linearen Transformationen. Ist also U ein Erwartungsnutzen, so ist $a \cdot U + b$ ein äquivalenter Erwartungsnutzen, falls $a > 0$ ist.

Wir können nun den so genannten *Hauptsatz der kardinalen Nutzentheorie* formulieren:

> Sei $\mathcal{L}$ eine Menge von Lotterien, die den NEUMANN–MORGENSTERN–Axiomen genügen und nicht alle gleichwertig (indifferent) sind. Dann existiert in $\mathcal{L}$ ein Erwartungsnutzen.

Wie bereits erwähnt können die Einpunktmaße P_{x_0} mit den entsprechenden reellen Zahlen x_0 identifiziert werden. Damit können wir die reellen Zahlen — bis auf einen Isomorphismus, also bis auf einen unwesentlichen formalen Unterschied — als Teilmenge der Menge aller Lotterien auffassen: $\mathbb{R} \subset \mathcal{L}$.

Die *Einschränkung* des Erwartungsnutzens U von dem ursprünglichen Definitionsbereich $\mathcal{L}$ auf diese Teilmenge nennt man BERNOULLI–*Nutzen* und bezeichnet ihn mit demselben Symbol:

$$U : \mathbb{R} \longrightarrow \mathbb{R}.$$

Die NEUMANN–MORGENSTERN–Axiome garantieren, dass es zu jeder Lotterie P ein so genanntes *Sicherheitsäquivalent* $\xi \in \mathbb{R}$ gibt:

$$P_\xi \sim P \qquad \text{oder kurz:} \qquad \xi \sim P.$$

Betrachten wir zur Veranschaulichung die Lotterie

$$P := \alpha \cdot P_{x_1} + (1 - \alpha) \cdot P_{x_2} \qquad \text{für ein } \alpha \in (0, 1).$$

Wenn ξ das Sicherheitsäquivalent von P ist, dann gilt also

$$\xi \quad \sim \quad \alpha \cdot P_{x_1} + (1-\alpha) \cdot P_{x_2}.$$

Daraus folgt die Gleichheit der Nutzenwerte und die folgenden weiteren Schritte:

$$\begin{aligned} U(\xi) &= U(\alpha \cdot P_{x_1} + (1-\alpha) \cdot P_{x_2}) \\ &= \alpha \cdot U(P_{x_1}) + (1-\alpha) \cdot U(P_{x_2}) && (1) \\ &= \alpha \cdot U(x_1) + (1-\alpha) \cdot U(x_2) && (2) \\ &= E(U(X)) && (3) \\ &< U(E(X)) \quad \text{falls } U \text{ streng konkav} && (4) \\ \Longleftrightarrow \quad & \xi < E(X) && (5) \end{aligned}$$

(1) folgt aus der Linearität des Erwartungsnutzens; (2) folgt aus der Isomorphie zwischen Erwartungsnutzen und BERNOULLI–Nutzen; (3) folgt aus der Definition des (diskreten) Erwartungswertes; (4) heißt JENSEN–*Ungleichung*; und (5) folgt aus dem Vorigen, da U streng monoton wachsend ist.

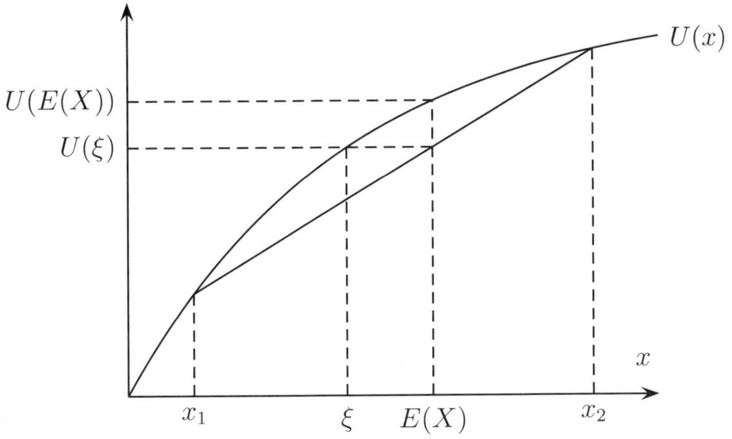

Wenn das Sicherheitsäquivalent einer Lotterie kleiner ist als ihr Erwartungswert, dann wird der Entscheidungsträger als *risikoavers* oder *risikoscheu* bezeichnet. Dies ist nach der obigen Herleitung offenbar genau dann der Fall, wenn seine Nutzenfunktion streng konkav ist. In der Portfoliotheorie geht man im Allgemeinen von risikoscheuen Entscheidungsträgern aus, den *Investoren*.

Die Differenz zwischen dem Erwartungswert einer Lotterie und ihrem Sicherheitsäquivalent bezeichnet man als *Risikoprämie*:

$$\pi := E(X) - \xi.$$

Die Höhe der Risikoprämie kann als globales Maß für den Grad der Risikoaversion eines Investors betrachtet werden. Da sich das Ausmaß der Risikoaversion aber mit der Höhe der Ergebnisse ändern kann, haben ARROW und PRATT das ARROW–PRATT–*Maß* der *lokalen* Risikoaversion vorgeschlagen:

$$r(x) := -U''(x)/U'(x).$$

Speziell für die wichtige BERNOULLI–*Nutzenfunktion*

$$U(x) = 1 - e^{-\gamma \cdot x}, \quad \gamma > 0$$

folgt damit:

$$r(x) = -\frac{-\gamma^2 \cdot e^{-\gamma \cdot x}}{\gamma \cdot e^{-\gamma \cdot x}} = \gamma.$$

Die BERNOULLI–Nutzenfunktionen zeichnen sich also durch konstante (von x unabhängige) Risikoaversion aus.

Das BERNOULLI–*Prinzip* besagt, dass es eine BERNOULLI–Nutzenfunktion U gibt, die folgendermaßen mit der Präferenzrelation des Investors zusammen hängt:

$$\mathbf{w} \precsim \mathbf{v} \quad \Longleftrightarrow \quad E(U(\mathbf{w}'\mathbf{r})) \leq E(U(\mathbf{v}'\mathbf{r})) \quad \text{für alle } \mathbf{w}, \mathbf{v} \in A.$$

Dabei ist $\mathbf{r}' = (R_1, \ldots, R_n)$ der Vektor der zufälligen Renditen aller Wertpapiere im Anlageuniversum.

Dagegen besagt das von MARKOWITZ verwendete „klassische“ (μ, σ)–*Prinzip*, dass es eine nur von μ und σ abhängige Funktion $\phi(\mu, \sigma)$, das so genannte *Präferenzfunktional*, gibt, so dass die Entscheidung auf dessen Grundlage erfolgen kann:

$$\mathbf{w} \precsim \mathbf{v} \quad \Longleftrightarrow \quad \phi(\mu_{\mathbf{w}}, \sigma_{\mathbf{w}}) \leq \phi(\mu_{\mathbf{v}}, \sigma_{\mathbf{v}}) \quad \text{für alle } \mathbf{w}, \mathbf{v} \in A.$$

In Kapitel 2 wurde gezeigt, dass das (μ, σ)–Prinzip genau dann mit dem BERNOULLI–Prinzip verträglich ist, wenn die Renditen normalverteilt sind oder die Nutzenfunktion quadratisch ist. Letzteres kann auch aus einem allgemeineren Satz über „klassische", also ausschließlich auf Verteilungsparametern beruhende Entscheidungsprinzipien geschlossen werden. Im Kontext der Portfoliotheorie lautet dieser Satz:

> Sind die Verteilungsparameter $\theta_1, \ldots, \theta_n$ mittels geeigneter Funktionen $h_1, \ldots, h_n$ als Erwartungswerte darstellbar,
>
> $$\theta_i = E(h_i(\mathbf{w}'\mathbf{r})),$$
>
> so ist das $(\theta_1, \ldots, \theta_n)$–Prinzip genau dann mit dem BERNOULLI–Prinzip verträglich, das heißt
>
> $$\phi(\theta_1, \ldots, \theta_n) = E(U(\mathbf{w}'\mathbf{r})),$$
>
> wenn U und ϕ die spezielle Struktur
>
> $$U(x) = a_0 + \sum_{i=1}^{n} a_i \cdot h_i(x)$$
>
> $$\phi(\theta_1, \ldots, \theta_n) = a_0 + \sum_{i=1}^{n} a_i \cdot \theta_i$$
>
> besitzen, wobei $a_0, a_1, \ldots, a_n$ beliebige, aber in beiden Formeln übereinstimmende reelle Zahlen sind.

Der Parameter μ ist natürlich unmittelbar als Erwartungswert von $\mathbf{w}'\mathbf{r}$ darstellbar, das heißt h_1 ist die *identische Funktion*. Der Parameter σ ist jedoch nur über den Umweg des *Verschiebungssatzes für die Varianz* als Erwartungswert darstellbar:

$$\theta_2 := E\left((\mathbf{w}'\mathbf{r})^2\right) = \mu^2 + \sigma^2 \qquad \Longleftrightarrow \qquad \sigma = \sqrt{\theta_2 - \mu^2}.$$

Mit diesem „Hilfsparameter" θ_2 ist offenbar $h_2(x) = x^2$. Damit ist also eine Nutzenfunktion, die das BERNOULLI–Prinzip und das (μ, θ_2)–Prinzip — und damit auch das (μ, σ)–Prinzip — unabhängig von der Renditeverteilung gleichermaßen erfüllt, zwangsläufig eine quadratische Funktion:

$$U(x) = a_0 + a_1 \cdot x + a_2 \cdot x^2.$$

Wenn dagegen die Normalverteilung der Renditen (approximativ) gewährleistet ist, dann können wir beim (μ, σ)–Prinzip auch eine andere Nutzenfunktion, zum Beispiel die *exponentielle* BERNOULLI–*Nutzenfunktion*

$$U(\mathbf{w}'\mathbf{r}) = 1 - e^{-\gamma \cdot \mathbf{w}'\mathbf{r}}, \qquad \gamma > 0$$

verwenden, ohne gegen das (rationale) BERNOULLI–Prinzip zu verstoßen. Einige ihrer *Nutzenindifferenzkurven*, also die Menge der Punkte, die in der (σ, μ)–Ebene zum selben Nutzenwert führen, sind in der folgenden Abbildung exemplarisch für $\gamma = 2$ dargestellt:

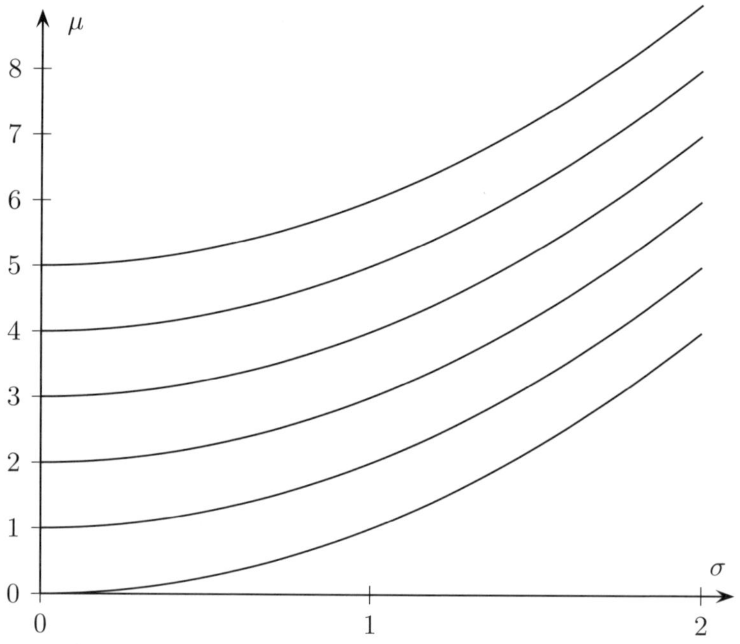

Jede einzelne Nutzenindifferenzkurve verbindet also die Ertrags–Risiko–Kombinationen aller Portfolios, zwischen denen der Investor indifferent ist. Je höher eine dieser Kurven liegt, desto höher ist der Nutzen der entsprechenden Portfolios. Die Nutzenindifferenzkurven eines risikoscheuen Entscheidungsträgers sind — wie im skizzierten Fall — konvex.

Literaturverzeichnis

ALBRECHT, P./MAURER, R. (2002): „Investment – und Risikomanagement“, Schäffer–Poeschel, Stuttgart

ALEXANDER, G./BAPTISTA, A. (2003): „CVaR as a measure of risk: implications for portfolio selection“, *Working Paper University of Minnesota*, Minnesota

ARDITTI, F.D. (1967): „Risk and required return on equity“, *The Journal of Finance 22*, 19 – 36

ARDITTI, F.D. (1971): „Another look at mutual funds performance“, *Journal of Financial and Quantitative Analysis 6*, 909 – 912

ARROW, K.J. (1970): „Essays in the Theory of Risk–Bearing“, North–Holland, Amsterdam

AVRAMOV, D. (2002): „Stock return predictability and model uncertainty“, *Journal of Financial Economics 64*, 423 – 458

BACHELIER, L. (1900): „Theory of speculation“, in COOTNER, P. (ed.): „The Random Character of Stock Market Prices“, MIT Press, Cambridge

BAMBERG, G./COENENBERG, A.G./KRAPP, M. (2008): „Betriebswirtschaftliche Entscheidungslehre“, 14. Auflage, Vahlen, München

BAMBERG, G./DORFLEITNER, G. (2003): „Capital allocation under regret and KATAOKA criteria“, in RICCIA, G./DUBIOS, D./KRUSE, R./LENZ, H.–J. (eds.): „Planning Based on Decision Theory“, Springer, Wien, 155 – 165

BAUWENS, L./ LAURENT, S./ROMBOUTS, J.V.K. (2003): „Multivariate GARCH models: a survey“, *CORE Discussion Paper*, No. 2003/31, Louvain

BAWA, V.S./LINDENBERG, E.B. (1977): „Capital market equilibrium in a mean–lower partial moment framework“, *Journal of Financial Economics 5*, 189 – 200

BAYER, K.–G./BAYER, M. (2002): „Transaktionskostenmanagement“, in KLEEBERG, J.M./REHKUGLER, H. (Hrsg.): „Handbuch Portfolio–Management“, Uhlenbruch, Bad Soden/Ts., 45 – 62

BERNOULLI, D. (1738): „Specimen theoriae novas de mensura sortis", *Commentarii Academiae Scentiarium Imperialis Petropolitanae 5*, 175 – 192; zitiert nach BAMBERG/COENENBERG (2008)

BLACK, F. (1972): „Capital market equilibrium with restricted borrowing", *Journal of Business 45*, July, 444 – 454

BLACK, F. (1993): „Estimating expected return", *Financial Analysts Journal*, September/Oktober, 36 – 38

BLACK, F./JENSEN, N./SCHOLES, M. (1972): „The capital ssset pricing model: Some empirical tests ", in JENSEN, N. (ed.): „Studies in the theory of capital markets", Praeger, New York

BOLLERSLEV, T. (1986): „Generalized autoregressive conditional heteroskedasticity", *Journal of Econometrics 31*, 307 – 327

BRENNAN, M.J. (1971): „Capital market equilibrium with divergent lending and borrowing rates", *Journal of Financial and Quantitative Analysis 7*, 1197 – 1205

BRENNAN, M.J./SCHWARTZ, E.S./LAGNADO, R. (1997): „Strategic asset allocation", *Journal of Economic Dynamics and Control 21*, 1377 – 1403

BURGESS, R.C. (1974): „Alternative Measures of Risk and Ex Post Performance", Dissertation University of Kentucky, Frankfort

CAMPBELL, J.Y./LO, A.W./MACKINLAY, A.C. (1997): „The Econometrics of Financial Markets", Princeton Press, Princeton

CHEN, N.-F./ROLL, R./ROSS, S.A. (1986): „Economic forces and the stock market", *Journal of Business 59*, July, 383 – 403

CHOPRA, V.K./ZIEMBA, W.T. (1993): „The effects of errors in means, variances, and covariances on optimal portfolio choice", *Journal of Portfolio Management 19*, 6 – 11

CHUNHACHINDA, P./DANDAPANI, K./HAMID, S./PRAKASH, A.J. (1997): „Portfolio selection and skewness: evidence from international stock markets", *Journal of Banking and Finance 21*, 143 – 167

COCHRANE, J.H. (1999): „New facts in finance", *Economic Perspectives*, Third Quarter, 36 – 58

COLLATZ, L./WETTERLING, W. (1971): „Optimierungsaufgaben", 2. Auflage, Springer, Berlin

COPELAND, T.E./WESTON, J.F./SHASTRI, K. (2004): „Financial theory and corporate policy", 4. Auflage, Addison–Wesley Longman, Amsterdam

DICKINSON, J.P. (1974): „The reliability of estimation procedures in portfolio analysis", *Journal of Financial and Quantitative Analysis 9*, 447 – 462

DICHTL, H./KLEEBERG, J.M./SCHLENGER, C. (2003): „Modellgestützte Planung der Strategischen Asset Allocation — Von der Theorie zur Praxis", in DICHTL, H./KLEEBERG, J.M./SCHLENGER, C. (Hrsg.): „Handbuch Asset Allocation", Uhlenbruch, Bad Soden/Ts., 27 – 66

EBERTZ, T./SCHERER, B. (2002): „Das Rahmenwerk des aktiven Portfoliomanagements", in KLEEBERG, J.M./REHKUGLER, H. (Hrsg.): „Handbuch Portfolio–Management", Uhlenbruch, Bad Soden/Ts., 181 – 204

EINSTEIN, A. (1905): „Über die von der molekular–kinetischen Theorie der Wärme geforderte Bewegung von in ruhenden Flüssigkeiten suspendierten Teilchen", *Annalen der Physik 17*, 549 – 560

ELTON, E.J./GRUBER, M.J./BROWN, S.J./GOETZMANN, W.N. (2006): „Modern Portfolio Theory and Investment Analysis", 7. Auflage, Wiley, New York

ENGLE, R.F. (1982): „Autoregressive conditional heteroscedasticity with estimates of the variance of United Kingdom inflation", *Econometrica 50*, 987 – 1007

ENGLE, R.F./KRONER, K.F. (1995): „Multivariate simultaneous generalized ARCH", *Econometric Theory 11*, 122 – 150

ENGLE, R.F./NG, V.K./ROTHSCHILD, M. (1990): „Asset pricing with a Factor–ARCH covariance structure", *Journal of Econometrics 45*, 213 – 237

EVANS, M.D. (1994): „Expected returns, time varying risk, and risk premia", *The Journal of Finance 49*, 655 – 679

FAMA, E.F. (1970): „Efficient capital markets: a review of theory and empirical work", *The Journal of Finance 25*, 383 – 417

FAMA, E.F./FRENCH, K.R. (1989): „Business conditions and expected returns on stocks and bonds", *Journal of Financial Economics 25*, 23 – 49

FAMA, E.F./FRENCH, K.R. (1992): „The cross section of expected stock returns", *The Journal of Finance 47*, 427 – 465

FAMA, E.F./MCBETH, J. (1973): „Risk, return and equilibrium: Empirical tests ", *Journal of Political Economy 38*, 607 – 636

FEINSTEIN, C.D./THAPA, M.N. (1993): „A reformulation of a mean–absolute deviation portfolio optimization model", *Management Science 39*, 1552 – 1553

FERSON, W.E./HARVEY C.R. (1997): „Fundamental determinants of international equity returns: a perspective on conditional asset pricing", *Journal of Banking and Finance 21*, 1625 – 1665

FERSON, W.E./SARKISSIAN, S./SIMIN, T. (2003): „Spurious regressions in financial economics", *The Journal of Finance 58*, 1393 – 1413

FLAVIN, T.J./WICKENS, M.R. (2003): „Macroeconomic influences on optimal asset allocation", *Review of Financial Economics 12*, 207 – 231

FRANTZMANN, H.–J. (2002): „Der Risikobegriff im Investmentmanagement", in KLEEBERG, J.M./REHKUGLER, H. (Hrsg.): „Handbuch Portfolio–Management", Uhlenbruch, Bad Soden/Ts., 45 – 62

FROST, P.A./SAVARINO, J.E. (1986): „An empirical bayes approach to efficient portfolio selection", *Journal of Financial and Quantitative Analysis 21*, 293 – 305

GOHOUT, W. (2009): „Operations Research", 4. Auflage, Oldenbourg, München

GOHOUT, W./SPECHT, K. (2007): „Mean–variance portfolios using bayesian vector–autoregressive forecasts", *Statistical Papers 48*, 403 – 418

GOURIÉROUX, C. (1997): „ARCH Models and Financial Applications", Springer, New York

GRINOLD, R.C./KAHN, R.N. (2000): „Active Portfolio Management", 2. Auflage, McGraw–Hill, New York

GROSSMAN, S.J./STIGLITZ, J.E. (1980): „The impossibility of informationally efficient markets", *American Economic Review 66*, 246 – 253

HARVEY, C. R. (1991): „The world price of covariance risk", *The Journal of Finance 46*, 111 – 157

HIELSCHER, U. (1991): „Asset allocation", *Kredit und Kapital 24*, Nr. 2, 254 – 270

HLAWITSCHKA, W.F. (1989): „Optimal Portfolio Selection Using Means, Variances and Higher Moments“, Dissertation University of Virginia, Ashburn

HUANG, C.F./LITZENBERGER, R.H. (1988): „Foundation for Financial Economics“, North–Holland, Amsterdam

HWANG, S./SATCHELL, S.E. (2003): „Tracking Error: Ex–Ante versus Ex–Post Measures“, *Working Paper Cambridge University*, Cambridge

JAMES, W./STEIN, C. (1961): „Estimation with quadratic loss“, *Proceedings of the Fourth Berkley Symposium on Mathematical Statistics and Probability 1*, 361 – 379

JOHANNING, L./KLEEBERG, J.M./SCHLENGER, C. (2003): „Transaktionskosten und Best Execution im Aktienfondsmanagement“, in DICHTL, H./ KLEEBERG, J.M./SCHLENGER, C. (Hrsg.): „Handbuch Asset Allocation“, Uhlenbruch, Bad Soden/Ts., 459 – 498

JORION, P. (1985): „International portfolio diversification with estimation risk“, *Journal of Business 58*, 259 – 278

JORION, P. (2002): „Portfolio optimization with constraints on tracking error“, *Working Paper University of California*, Irvine

JORION, P. (2006): „Value at Risk — The New Benchmark for Managing Financial Risk“, McGraw–Hill, 3. Auflage, New York

JUDGE, G.G./HILL, R.C./GRIFFITHS, W.E./LÜTKEPOHL, H./LEE, T.–C. (1985): „The Theory and Practice of Econometrics“, 2. Auflage, Wiley, New York

KATAOKA, S. (1963): „A stochastic programming model“, *Econometrica 31*, 181 – 196

KEMPF, A./MEMMEL, C. (2002): „Schätzrisiken in der Portfoliotheorie“, in KLEEBERG, J.M./REHKUGLER, H. (Hrsg.): „Handbuch Portfolio–Management“, Uhlenbruch, Bad Soden/Ts., 895 – 919

KEMPF, A./MEMMEL, C. (2003): „Parameterschätzung in der Portfoliotheorie: Ein analytischer und simulationsgestützter Vergleich“, *Die Betriebswirtschaft 63* , Heft 5, 516 – 531

KLEEBERG, J.M. (1995): „Der Anlage–Erfolg des Minimum–Varianz–Portfolios. Eine empirische Untersuchung am deutschen, englischen, japanischen, kanadischen und US–amerikanischen Aktienmarkt, 2. Auflage, Uhlenbruch, Bad Soden/Ts.

KONNO, H./YAMAZAKI, H. (1991): „Mean–absolute deviation portfolio optimization model and its application to Tokyo stock market", *Management Science 37*, 519 – 531

KONNO, H./SUZUKI, K. (1995): „A mean–variance–skewness optimization model", *Journal of the Operations Research Society of Japan 38*, 137 – 187

KRAUS, A./LITZENBERGER, R.H. (1976): „Skewness preference and the valuation of risk assets", *The Journal of Finance 31*, 1085 – 1100

KROLL, Y./LEVY, H./MARKOWITZ, H. (1984): „Mean–variance versus directly utility maximization", *The Journal of Finance 39*, 47 – 61

LAI, T.Y. (1991): „Portfolio selection with skewness: a multi–objective approach", *Review of Quantitative Finance and Accounting 1*, 293 – 305

LEDOIT, O. (1994): „Portfolio selection: improved covariance matrix estimation", *Working Paper MIT*, Massachusetts

LEDOIT, O./WOLF, M. (2003): „Improved estimation of the covariance matrix of stock returns with an application to portfolio selection", *Journal of Empirical Finance 10*, 603 – 621

LEDOIT, O./SANTA–CLARA, P./WOLF, M. (2003): „Flexible multivariate GARCH modeling with an application to international stock markets", *Review of Economic Studies 85*, 735 – 747

LEVY, H./MARKOWITZ, H. (1979): „Approximating expected utility by a function of mean and variance", *American Economic Review 69*, 308 – 317

LEVY, H./SARNAT, M. (1970): „Alternative efficiency criteria: an empirical analysis", *The Journal of Finance 25*, 1153 – 1158

LI, D./NG, W.L. (2000): „Optimal dynamic portfolio selection: multiperiod mean variance formulation", *Mathematical Finance 10*, 387 – 406

LINKE, M. (1996): „Relative Portfolio–Optimierung unter Berücksichtigung von Benchmarks und Liabilities", Verlag Josef Eul, Bergisch Gladbach

LINTNER, J. (1965): „The valuation of risk assets and the selection of risky investments in stock portfolios and capital budgets", *The Review of Economics and Statistics 47*, 13 – 37

LINTNER, J. (1969): „he Aggregation of Investors Diverse Judgement and Preferences in Purely Competitive Securities Markets“, *Journal of Financial and Quantitative Analysis 4*, 347 – 400

MARKOWITZ, H. (1952): „Portfolio selection“, *The Journal of Finance 7*, 77 – 91

MARKOWITZ, H. (1959): „Portfolio Selection Efficient Diversification of Investments“, Wiley, New York

MARKOWITZ, H./TODD, P./XU, G./YAMANE, Y. (1993): „Computation of mean–semivariance efficient sets by the critical line algorithm“, *Annals of Operations Research 45*, 307 – 317

MERTON, R.C. (1973): „An intertemporal capital asset pricing model“, *Econometrica 41*, 867 – 887

MERTON, R. C. (1980): „On estimating the expected return on the market: an exploratory investigation“, *Journal of Financial Economics 8*, 323 – 361

MICHAUD, R. (1989): „The MARKOWITZ optimization enigma: is optimized optimal?“, *Financial Analysts Journal 45*, Januar, 31 – 42

MICHAUD, R. (1998): „Efficient Asset Management. A Practical Guide to Stock Portfolio Optimization and Asset Allocation“, HBS Press, Boston

MOSSIN, J. (1966): „Equilibrium model in a capital asset market“, *Econometrica 34*, 261 – 276

NEUMANN, J.V./MORGENSTERN, O. (1944): „Theory of Games and Economic Behavior“, Princeton Press, Princeton

NEUMANN, K./MORLOCK, M. (2002): „Operations Research“, 2. Auflage, Hanser, München

OKHRIN, Y./SCHMID, W. (2006): „Distributional properties of portfolio weights“, *Journal of Econometrics 134*, 235 – 256

OSBORNE, M.F. (1959): „Brownian Motion in the Stock Market“, *Operations Research 7*, März/April, 145 – 173

OSTERMARK, R. (1991): „Vector forecasting and dynamic portfolio selection: empirical efficiency of recursive multiperiod strategies“, *European Journal of Operations Research 55*, 45 – 56

PESARAN, M.H./TIMMERMANN, A. (2000): „A recursive modelling approach to predicting UK stock returns“, *The Economic Journal 110*, 159 – 191

POJARLIEV, M./POLASEK, W. (2001): „Applying multivariate time series forecasts for active portfolio management“, *Financial Markets and Portfolio Management 15*, No. 2, 201 – 211

POJARLIEV, M./POLASEK, W. (2003): „Portfolio construction by volatility forecasts: does the covariance structure matter?“, *Financial Markets and Portfolio Management 17*, No. 1, 103 – 116

PRATT, J.W. (1964): „Risk aversion in the small and in the large“, *Econometrica 32*, 122 – 136

RINNE, H. (2008): „Taschenbuch der Statistik“, 4. Auflage, Harri Deutsch, Frankfurt/Main

RINNE, H./SPECHT, K. (2002): „Zeitreihen — Statistische Modellierung, Schätzung und Prognose“, Vahlen, München

ROCKAFELLAR,R./URYASEV, S./ZABARANKIN, M. (2003): „Portfolio analysis with general deviation measures“, *Research Report*, No. 8, 1 – 36

ROLL, R. (1977): „A critique of the asset pricing theory's tests — part I: on past and potential testability of the theory“, *Journal of Financial Economics 4*, 129 – 176

ROLL, R. (1978): „Ambiguity when performance is measured by the securities market line“, *The Journal of Finance 33*, 1051 – 1070

ROLL, R. (1992): „A mean–variance analysis of tracking error“, *Journal of Portfolio Management 18*, Nr. 4, 13 – 22

ROSS, S.A. (1976): „The arbitrage theory of capital asset pricing“, *Journal of Economic Theory*, December, 343 – 362

ROSS, S.A./SOLNIK, B. (1977): „A Pure Foreign Exchange Asset Pricing Model“, *Journal of International Economics*, 161 – 179

ROY, A.D. (1952): „Safety first and the holding of assets“, *Econometrica 20*, 431 – 449

SCHÄFER, K./ZIMMERMANN, P. (1998): „Portfolio Selection und Schätzfehler bei den erwarteten Renditen: Ergebnisse für den deutschen Aktienmarkt“, *Finanzmarkt und Portfolio Management 12*, 131 – 149

SCHMIDT–VON RHEIN, A. (2002): „Portfolio–Optimierung mit der Ausfallvarianz", in KLEEBERG, J.M./REHKUGLER, H. (Hrsg.): „Handbuch Portfolio–Management", Uhlenbruch, Bad Soden/Ts., 89 – 127

SHARPE, W.F. (1964): „Capital asset prices: A theory of market equilibrium under conditions of risk", *The Journal of Finance 19*, September, 425 – 442

SHARPE, W. (1966): „Mutual fund performance", *Journal of Business*, 119 – 138

SHARPE, W. F. (1970): „Portfolio Theory and Capital Markets", McGraw–Hill, New York

SHARPE, W.F./ALEXANDER, G.J./BAILEY, J.V. (1999): „Investments", Prentice–Hall, London

SIMAAN, Y. (1997): „Estimation risk in portfolio selection: the mean variance model versus the mean absolute deviation model", *Management Science 43*, 1437 – 1446

SIMKOWITZ, M./BEEDLES, W. (1978): „Diversification in a three moment world", *Journal of Financial and Quantitative Analysis 13*, 927 – 941

SOLNIK, B./BOUCRELLE, C./LE FUR, Y. (1996): „International market correlation and volatility", *Financial Analysts Journal*, September/Oktober, 17 – 34

SPECHT, K. (2000): „Modelle zur Schätzung der Volatilität — Eine theoretische und empirische Analyse am Beispiel deutscher Finanzmarktdaten", DUV, Wiesbaden

SPECHT, K./GOHOUT, W. (2003): „Portfolio selection using the principal components GARCH model", *Financial Markets and Portfolio Management 17*, No. 4, 450 – 458

SPREMANN, K. (2006): „Portfoliomanagement", 3. Auflage, Oldenbourg, München

STAMBAUGH, R.S. (1982): „On the exclusion of assets from tests of the two–parameter–model", *Journal of Financial Economics 10*, 237 – 268

STAMBAUGH, R.S. (1999): „Predictive regressions", *Journal of Financial Economics 54*, 315 – 421

STEIN, C. (1956): „Inadmissibility of the usual estimator for the mean of a multivariate normal distribution ", *Proceeding the 3rd Berkley Symposium on Probability and Statistics 1*, 197 – 206

TELSER, L.G. (1955): „Safety first and hedging", *Review of Economic Studies 23*, 1 – 16

TOBIN, J. (1958): „Liquidity preference as behavior towards risk", *Review of Economic Studies*, 65 – 86

TOBIN, J. (1965): „The theory of portfolio selection ", in HAHN, F.H./BRECHLING, F.P. (eds.): „The Theory of Interest Rates", Macmillan, London, 3 – 51

TREYNOR, J.L. (1963): „Implications for the Theory of Finance", *unveröffentlichtes Manuskript*, 63 – 75

WAGNER, W.H./BANKS, M. (1992): „Increasing portfolio effectiveness via transaction cost management", *Journal of Portfolio Management 18*, 6 – 11

WANG, S./XIA, Y. (2002): „Portfolio Selection and Asset Pricing", Springer, Berlin

WERMERS, R. (2000): „Mutual fund performance: an empirical decomposition into stock–picking talent, style, transactions costs, and expenses", *The Journal of Finance 60*, 1655 – 1695

WIENER, N. (1923): „Differential–space", *Journal of Mathematics and Physics 2*, 131 – 174

WOLFE, P. (1959): „The simplex method for quadratic programming", *Econometrica 27*, 382 – 398

YOSHIMOTO, A. (1996): „A mean variance approach to portfolio optimization subject to transaction costs", *Journal of Operations Research Society of Japan 39*, 99 – 117

Stichwortverzeichnis